U0875810

北京市少年科学院"小院士"课题评选

学生实践手册

主 编：甄 奕 副主编：闫莹莹

BEIJINGSHI SHAONIAN KEXUEYUAN
"XIAOYUANSHI" KETI PINGXUAN
XUESHENG SHIJIAN SHOUCE

中国环境出版社 · 北京

图书在版编目（CIP）数据

北京市少年科学院“小院士”课题评选学生实践手册 / 甄弈主编. -- 北京 : 中国环境出版社, 2017.4
ISBN 978-7-5111-3158-4

Ⅰ. ①北… Ⅱ. ①甄… Ⅲ. ①科学技术－活动课程－中小学－教学参考资料 Ⅳ. ①G632.3

中国版本图书馆 CIP 数据核字（2017）第 088319 号

出 版 人　王新程
责任编辑　殷玉婷
特约编辑　王　兰
责任校对　尹　芳
装帧设计　金　喆　岳　帅

出版发行　中国环境出版社
（100062　北京市东城区广渠门内大街 16 号）
网　　址：http://www.cesp.com.cn
电子邮箱：bjgl@cesp.com.cn
联系电话：010-67112765（编辑管理部）
发行热线：010-67125803，010-67113405（传真）
印　　刷　北京盛通印刷股份有限公司
经　　销　各地新华书店
版　　次　2017 年 4 月第 1 版
印　　次　2017 年 4 月第 1 次印刷
开　　本　787×1092　1/16
印　　张　9.5
字　　数　160 千字
定　　价　50.00 元

【版权所有。未经许可，请勿翻印、转载，违者必究。】
如有缺页、破损、倒装等印装质量问题，请寄回本社更换

编委会主任：

张燕军　戴卫红

编委会（按姓氏笔画排序）：

马志洪　王春伟　冯　红　齐小兵　仵书超　李灿宇
李晓葵　芦咏莉　屈　源　周又红　郭建华　黄艳丽

首席科学家：

丁　琛　赵　琦

专家组（按姓氏笔画排序）：

王红旗　王　涛　白　欣　李　岗　李　雪　朱　进
宋天乐　沈　健　杨景成　林春藤　张海霞　张赫赫
祖浩东　周又红　施建农　秦建军　赵洪涛　高潇怡
高　颖　秦曾昌　翁　萍　韩　静　穆道斌　滕保华

评委组（按姓氏笔画排序）：

丁　琛　牛　琦　王　兰　王卫东　冯鸿君　刚永运
刘建华　陈宏程　李　雪　李雪梅　杨海燕　张俊菊
张　亚　岳　蕾　郝向朋　赵　鹤　赵　琦　赵　溪
桂　峤　侯利伟　袁　飞　崔云鹤　谢　鹏　甄　奕

策划与支持：

周又红名师工作室

北京第二实验小学

中国科学教育促进会

北京市西城区青少年科学技术馆

本书组稿人（按姓氏笔画排序）：

王　红　王　喆　石　林　刘浩然　刘思岚　闫莹莹

张　亚　林媛媛　赵　鹤　赵　溪　康　浩　甄　奕

序

引导我们的孩子热爱科学

一、承担科学的理想、职责和未来

每一代人都有自己的担当，那是历史赋予他们的责任。因此参与科技创新是当今孩子们的担当。教育孩子们真正理解自己的担当，能够去承担科学的理想、职责和未来，是教师们义不容辞的责任。引导我们的孩子热爱科学，帮他们打开科学之门，为他们搭建探索的创新之桥是科技教师们永远的追求。

二、感受科学的严谨、实用和纯真

科技创新最强劲的“内驱力”，源自对科学精神的坚守与追求。它们是：批判和怀疑的精神、实践和探索的精神、创造和创新的精神、平权和团队的精神、社会和人文的精神。特别是求真务实的批判精神，是许多科学家的共同认知和共同特点。

当前，孩子们经常参加各种科技创新活动，会有一些孩子的成果得到一定层面上的认可。但孩子们一定要理解，成绩绝非组织者的终极目标和科学教育的本质，目的不纯的“荣誉诱因”不是培养创新人才成长的“良药”，还可能成为桎梏人才的“枷锁”。爱因斯坦用一生的行动实践了自己的诺言：“照亮我的道路，并且不断地给我新的勇气去愉快地正视生活的理想，是善、美和真。人们努力追求的庸俗的目标——财产、虚荣、奢侈的生活，我总觉得都是可鄙的！”孩子们通过创新活动，去理解、向往科学世界的纯净，感受科学的严谨、实用。创新人才不但是一个勇攀世界科技高峰的“盗火者”，还是涤荡社会浮躁风气的“清洁工”。这也正是“小院士”活动的理念：学习真科学、真的学科学。

三、接受科学的方法、工具和研究成果

青少年的科技创新活动非一气呵成，一挥而就的事情，需要持之以恒、坚持不懈的努力，其中接受正确的研究方法指导十分必要。科技教师是科技活动的灵魂，教师的能力、修养、脾气秉性甚至个人魅力都对学生起着非同小可的作用，特别是科技教师所具备的开拓意识、科研意识、信息意识和领导意识都是非常重要的。参与“小院士”课题研究活动，让师生们共同成长，可以说科技教师能力的提高不亚于学生。因此，科技教师需要：

（一）掌握指导孩子们做合格小科学家的宝典

源于生活——多走、多看，善于发现——有心、有意；

乐于钻研——好学、好问，肯于实践——动手、动脑；

敢于创造——探索、探究，勤于总结——吸纳、归纳；

（二）创造条件、多样发展

多学习——扩大自己的知识面，使自己能够很好地理解科学方法，做到学无止境。

多动脑——人的大脑中有很大潜力，教师要发挥自己的发散思维，开动脑筋，灵活思辨。

多设计——要理解一项科学研究，具有多方面的设计方法，可以取长补短。

多反思——经常思考我们还能够做什么，还有没有更好的方法。

（三）常问、常想，常做、常新

新观点——克服思维定式，对已经习惯的事情，大胆挑毛病、找问题。

新角度——巧妙重复已有的科学研究，站在巨人的肩上工作，让老树开新花。

新发现——利用自己独特的视角，推陈出新，一切向前看。

新技术——应用现实新发展的方法研究老问题。

四、尝受科学的艰辛、苦涩和困惑

科学虽美丽，但过程很艰辛。有句话很准确“千万次的失败属于自己，一次成功则属于全人类”。还有人说“科学创新是一个高风险行业，历经千万次失败却难以成功一次， 穷其毕生拼搏亦恐无果而终”。 孩子们都天生具有科学家的潜质。科技教师的工作是要将孩子们培养成为真正的科学家，这不是一项轻松容易的事情。很多热衷于参加科技创新的师生经常感到入门难、选题难。具体分析及对策如下：

编号	问题	对策	分析
1	没有强大的科技背景	真实发展	要正视自己的实际力量，反映自己真实的现状，不要追高，要从容开展适度的科学探究。我自己家庭没有任何科技背景，但是我一直这样要求自己， 也就有了自己的工作空间，否则广大的教师群体都无法参加到科技教育工作中
2	自认条件差，信心不足在观望	切实展现	每个人都有自己独特的工作作风和教学风格，有自己最为胜任的一面。不必向别人学，向科学家看齐， 要站在自己非常实际的地位思考问题，不好高骛远

编号	问题	对策	分析
3	专家给的研究题目 能尽快获奖	扎实工作	在开展科学研究方面，没有“阳春白雪”式的题目，只有扎扎实实严谨的工作态度，以工作量、准确度令人折服、信服
4	急于求成，找途径能快点成功	老实做事	要理解科技教育的实际意义，本着学习、探讨、研究、交流的态度，不为功利所诱惑，走自己的路。我坚持 30 多年的科技教育一线工作，一步一个脚印地走来，其中乐趣无穷

五、享受科学的美好、神奇和趣味

要让孩子们理解，科学的每一次发现、技术的每一次发明都会给人们带来无与伦比的快乐。可能研究的过程会历经无数次失败，然而一次成功，会为人类带来无限的光明、温暖和希望，那种幸福和美好难以言表。当孩子自己放飞了一架小飞机、做好了一台机器人、完成了一个科学小论文、撰写了一条科学建议……都会在孩子们幼小的心灵深处荡漾出美好的感情、实践的豪情、探索的热情和持久的深情，那就是一种享受，享受科学带来的美好、神奇和趣味。

周又红名师工作室

2017 年 1 月

简介

北京市少年科学院"小院士"课题研究评审活动

在全国少工委、中国少年科学院的指导下，在北京少年科学院、西城区教委的大力支持下，西城区青少年科技馆、周又红名师工作室本着为全市少年儿童提供走进科学、认识科学、理解科学的广阔空间，促进全市少年儿童科学素养的提高，让越来越多的孩子体验科学的无穷魅力，依托科技馆新馆的硬件优势、师资优势以及开展科技教育活动的经验优势， 开展了"小院士"课题研究评审活动。

一、指导思想

以培养青少年创新精神和实践能力为重点，以科学体验活动为途径，以少年儿童校内外教育阵地为依托，利用多种社会资源，对少年儿童进行科学知识与技能、科学精神与态度、科学方法与能力、科学行为与习惯的培养。

二、主要任务

将科技培训、科技实践、科技竞赛相结合，通过培训、实践、竞赛等活动向少年儿童普及科学知识，发现和培养优秀少年科技人才，建设科技教育培训和科学体验组织阵地，开展校外科技教育理论研究，举办国内外少年儿童科技交流，培训科技教师，建立和完善科技教育专家和导师团队。

三、具体工作内容

▲开展 “小院士”课题研究评选获奖作品展示交流活动；

▲运作和组织青少年科学考察和社会实践活动；

▲开展科技教师专题培训和青少年专项科研辅导；

▲开展北京地区“小院士”课题研究评选活动；

▲开展“科技创新教育论坛”活动。

北京市少年科学院"小院士"课题研究评审作品征集要求及评审办法

"小院士"课题研究评审活动是在科技创新教育的主题下，面向全体中小学生开展的以培养青少年的科学知识与技能、科学精神与态度、科学方法与能力、科学行为与习惯为目标的一项科技创新教育活动。其作品征集要求及评审办法如下：

一、申报

（一）申报要求：凡在当年自主完成的课题研究项目（论文或发明）并且未参加过北京市少年科学院"小院士"课题研究评审的作品。

（二）作者要求：作者需为中小学校（包括职业中学、特殊教育学校）的在校学生（从小学一年级至高中三年级），不能跨区县报名，跨学校合作只能从科技馆、少年宫、儿童中心合作完成。

（三）申报材料：申报人如实填写《北京市少年科学院"小院士"课题研究评审申报表》（附件二），推荐单位签署意见、加盖公章，申报人、指导教师亲笔签名，同时提供《课题研究论文》或《发明成果报告》原文一份，并用A4纸打印。另外提供课题研究过程和发明过程的原始材料一份（可以是复印件）及研究过程照片至少4张，发明作品实物照片或演示视频一份。

（四）申报方式：每个项目将上述申报材料统一装在一个档案袋中，将《北京市少年科学院"小院士"课题研究评审申报材料》页（见附件一）贴在档案袋外面，以学校为单位统一报送到北京市少年科学院"小院士"课题研究活动组委会。同时填写《北京市少年科学院"小院士"课题研究评审申报项目及信息汇总》，打印一份加盖公章并将清单电子版拷入U盘一并报送，现场拷贝审核信息后将U盘带回。

报送地点：西城区青少年科技馆（月坛北街3号），名师工作室（202室）。

（五）有关要求

1. 申报应坚持实事求是的态度。一旦发现弄虚作假或剽窃，立即取消其评审资格，并将情况通知其所在单位或上级主管部门。

2. 递交的作品有明显科学常识性错误的，取消参评。

3. 每名学生只准许申报一个项目。

4. 所有申报者必须是作品的合法拥有者，具有完整的知识产权。

5. 申报的材料，不退材料，不复函。

二、评审

评审分为初评和终评，终评包括现场答辩和创意展示。

（一）初评

组委会将聘请中国少年科学院专家组内相关专家及相关专业人士参与评审。根据中国少年科学院课题研究评审要求将申报的项目分四个方向：发明创造、科学探究、社会调查、创意设计；四个组别：小学低年级组（1～3年级）、小学高年级组（4～6年级）、初中组、高中组分别进行，集体项目参与的人数不得超过三人，如果选手分别为不同年级，则按照其中最高年级划分组别；每一项目辅导教师最多不得超过三人。终评将从初评中选取优秀项目参与终评答辩和展示活动。

（二）终评

终评答辩和终评创意展示同时进行，初评结束后我们会尽快将进入终评的项目名单、具体分组、时间、要求等发到各申报校负责教师的邮箱。

答辩展示时间：****

1. 终评答辩

答辩程序：先抽签确定答辩的次序，然后由选手借助PPT（或视频等）对作品进行简要介绍。

介绍时间：小学三分钟、中学五分钟。

介绍要点：结合附件一项目简介（注意：PPT和选手介绍不要出现学校名称、选手姓名、辅导教师姓名等信息）专家评审小组对其进行适当的提问，选手进行解答（四分钟）。

创新发明项目，答辩时带实物并演示。

为了体现大赛的公平、公正原则，我们采取公开答辩的方式，辅导教师、家长、学生可以旁听。

答辩地点：******

2. 创意展示

①要求：每个项目提供一块高120厘米、宽90厘米的展板。展板内容：问题的提出（假设）、方法与过程、数据与结果、讨论与结论。展板不能整版喷涂，要有自行创意、自行设计成分，充分体现学生的创意和动手能力（注意：展板要标明作品名称、作者年级、姓名，但不得出现学校、辅导机构名称和辅导教师姓名）。工程项目作品现场演示，体积要求高不得超过1.2米，长、宽不得超过0.9米，在规定体积内但作品偏重、不易搬动的项目可提前与组委会联系。展示过程中如果用PPT介绍需自带笔记

本电脑，组委会给每个展位提供电源插口1个，标准课桌一张，工程项目如需多个插口可以自带接线板，耗电量过大要向组委会提出申请。易燃易爆等危险品不得展出。

②展示地点：****

③互动交流：主动、热情的同参观者进行交流，有问必答，思维敏捷，思路清晰，互动能力强。

④说明：每个项目展示答辩穿插进行，时间半天，期间评委将对展板内容的完整性、制作的整体性、动手成分、展示期间选手的交流互动能力等多方面进行全面综合评分。小学1～3年级组只参加答辩不参加创意展示。

三、组委会对当年的优秀项目推荐报送参加中国少年科学院组织的“小院士”课题研究评审活动，具体要求答辩时通知。

主办：北京市少年科学院
中国少年科学院北京地区组委会
协办：西城区教育委员会
西城区科学技术协会
承办：西城区青少年科技馆
周又红名师工作室
北京第二实验小学

附件一：

北京市少年科学院"小院士"课题研究评审申报材料

项目名称：________________________年级________

作者信息：第一作者姓名：____________年级________

第二作者姓名：____________年级________

第三作者姓名：________________________

所属区县：________________________

申报学校全称：________________________

	姓 名	工 作 单 位
辅导教师		

项目申报组别：（请分别在符合的选项划√）

小学 1～3 年级☐　　小学 4～6 年级组☐

初中组 ☐　　高中组☐

项目研究方向：（请分别在符合的选项划√，只能选择一项）

创新发明方向☐

科学探究方向☐

社会调查方向☐

创意设计方向☐

项目	初评（提交材料部分）					总分合计
	选题	科学性	创新性	实用价值	严谨性	
分值	10	10	10	10	10	
得分						

目录

基础篇 1

进阶篇 95

基础篇

我们怕不怕小动物或虫子

——关于家长和学生对于小动物和虫子忍受程度的调查

汪思涵　冯量达　申晔

我是一个非常喜欢小动物的女孩，家里养过鱼、鹦鹉、狗、小仓鼠、小乌龟、兔子、鸡、蚕、蚂蚁、水母、小海龙……我是那么地热爱动物，也是那么地希望同学们都和我一样热爱动物。（汪思涵）

我是一个愿意和小动物玩的男孩，家里养过狗、兔子、鱼、乌龟等小动物。我追兔子、逗小乌龟、观赏小鱼、骑马……因为家里只有我一个小孩子，我很孤独，因此我觉得动物是我的好小伙伴，我感谢它们。（冯量达）

我也是一个喜欢小动物的女孩，虽然家里没有养过太多小动物，但是日常生活中常见的小动物或者小虫子我都不怕。我觉得只要我们不去主动伤害它们，它们也不会伤害我们。（申晔）

一、为什么开展这个调查

了解同学们和家长对生活中的一些小动物和虫子的忍受程度，分析其中的原因，希望向害怕小动物和虫子的同学们提出关心、爱护小动物的建议，还希望大家都能够亲近自然，减少对动物的恐惧心理。

二、调查方法

1. 时间进程

2. 我们在一起商量了研究方法后，便制订出了大概计划，然后做了初步的分工，按照计划逐步完成调查过程。

表 1　时间进程

<table>
<tr><th>编号</th><th>时间</th><th>地点</th><th>内容</th></tr>
<tr><td>1</td><td>2015 年 6 月 5 日</td><td>北京第二实验小学王府校区</td><td>选题，形成一个关于小动物的调查小组</td></tr>
<tr><td>2</td><td>2015 年 7 月 10 日</td><td>北京第二实验小学王府校区</td><td>设计关于同学忍受小动物问题的调查问卷</td></tr>
<tr><td rowspan="2">3</td><td rowspan="4">2015 年 7 月 15 日至
2015 年 8 月 30 日</td><td rowspan="3">大宁山庄小区
高碑店北路观音堂社区
北京第二实验小学
汪思涵家
冯量达家
申晔家</td><td>开展问卷调查</td></tr>
<tr><td>开展问卷调查</td></tr>
<tr><td>4</td><td>开展个案调查</td></tr>
<tr><td>5</td><td>利用微信网络</td><td>开展网络调查</td></tr>
<tr><td>6</td><td>2015 年 7—10 月</td><td>汪思涵家、冯量达家、
申晔家、图书馆</td><td>上网查阅关于人们怕虫子现状、为什么怕虫子、怎样不怕虫子等的资料</td></tr>
<tr><td>7</td><td rowspan="2">2015 年 9—10 月</td><td>汪思涵家、冯量达家、申晔家</td><td>撰写小论文，修改小论文</td></tr>
<tr><td>8</td><td>北京第二实验小学
新文化街校区</td><td>讨论、修改小论文，与老师分析小论文</td></tr>
</table>

3. 设计的问卷

因为我们年纪小，辅导老师和家人建议我们不要进行比较复杂的调查设计，于是我们设计了一份关于人们面对不同小动物或虫子忍受情况的简单问卷，我们希望了解同学们到底怕小动物或虫子到什么程度，他们的家长怕不怕，他们是不是喜欢小动物。

表 2 问卷设计

关于家长和学生对于小动物或虫子忍受程度的调查 我们是小学生，希望调查您对小动物或虫子的忍受情况，您不需要写姓名，我们不会涉及您的隐私，谢谢配合。		
请回答以下问题		
●您家是否养过小动物？养过哪些？ ●请选出一种家长和孩子忍受程度相同的小动物，请说明原因。 ●请选出一种家长和孩子忍受程度不同的小动物，请说明原因。		
请将 A 或 B 填入下表：A——不能忍受　B——可以忍受		
面对小动物或虫子	家长	孩子
蚂蚁——当有蚂蚁爬上腿上时		
蜘蛛——当有蜘蛛在衣服上爬时		
蚯蚓——当发现蚯蚓在脚边时		
老鼠——当有老鼠从面前跑过时		
壁虎——当看到壁虎在你的书桌或墙上时		

3. 我们利用纸质发放问卷

问卷在社区发放，发下样本总数为 40 份，回收 26 份。

两位阿姨在答卷

小朋友接受调查

整理问卷

4. 我们开展微信调查

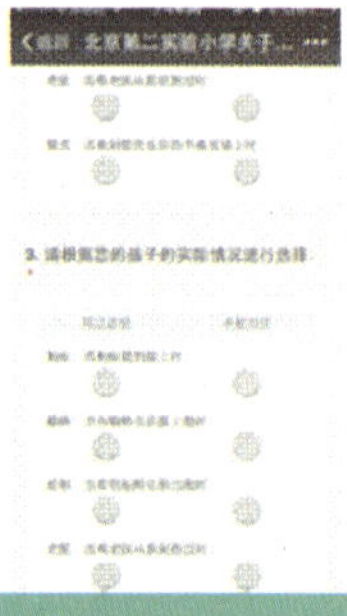

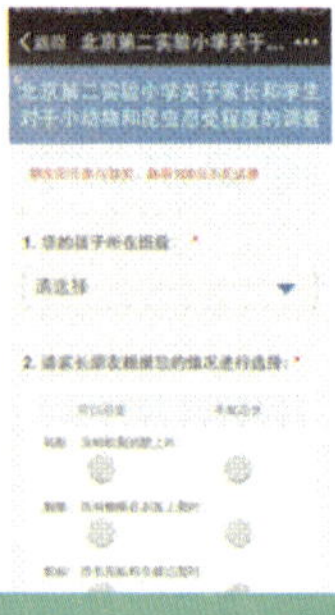

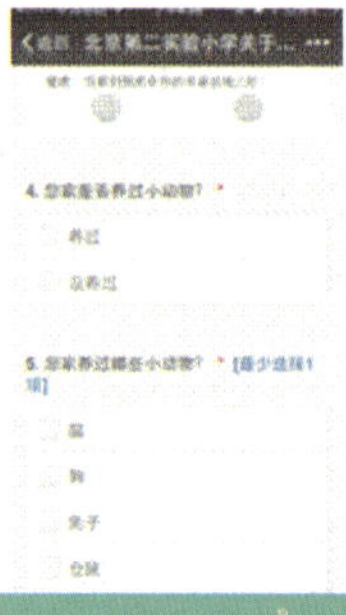

利用手机二维码扫描的问卷，通过微信进行调查。（调查了 90 份）

5. 我们用到的物品

表 3　用到的物品

编号	名称	型号	用途
1	电脑	联想	查资料、打印小论文
2	手机	苹果	拍照片、通话联系、微信调查
3	纸	A4	印制调查问卷、打印小论文
4	笔	铅笔、签字笔	记录

6. 我们开展的个案调查

我们找 5 个大人和 6 个同学，询问他们害怕或不怕小动物或虫子的情况。

7. 我们上百度网查了资料

- 人们为什么怕虫子？有没有办法应对怕虫子？
- 虫子有什么让人感到不舒服的地方？
- 小动物对人有危害吗？
- 什么是自然缺失症？

8. 向专家咨询

我们向动物专家通过微信咨询北京麋鹿苑副园长郭耕先生和国家动物博物馆张劲硕博士，科学老师还带领我们学习动物恐惧症的相关知识。

比如：

- 怎样才能够与小动物和谐相处？
- 怎样做到不怕动物和虫子？

三、我们研究的过程和结果

我们把纸质问卷和微信调查做了汇总，而且将家长情况与同学情况分开利用电脑进行统计，这一项花费了我们好多天的时间。

表 4　研究结果

H	I	J	K	L	M	N	O	P	Q	
第2题(行1	第2题(行2	第2题(行3	第2题(行4	第2题(行5	第3题(行1	第3题(行2	第3题(行3	第3题(行4	第3题(行5	4、您
可以忍受	不能忍受	可以忍受	可以忍受	可以忍受	可以忍受	不能忍受	可以忍受	可以忍受	可以忍受	养过
可以忍受	不能忍受	可以忍受	不能忍受	可以忍受	不能忍受	不能忍受	不能忍受	不能忍受	不能忍受	没养过
可以忍受	不能忍受	可以忍受	可以忍受	可以忍受	可以忍受	不能忍受	不能忍受	不能忍受	不能忍受	养过
可以忍受	不能忍受	可以忍受	不能忍受	可以忍受	不能忍受	不能忍受	可以忍受	不能忍受	可以忍受	养过
不能忍受	不能忍受	可以忍受	不能忍受	不能忍受	可以忍受	可以忍受	可以忍受	不能忍受	可以忍受	养过
可以忍受	不能忍受	可以忍受	不能忍受	可以忍受	可以忍受	不能忍受	可以忍受	不能忍受	可以忍受	没养过
可以忍受	不能忍受	可以忍受	可以忍受	可以忍受	不能忍受	不能忍受	可以忍受	可以忍受	可以忍受	没养过
不能忍受	不能忍受	不能忍受	不能忍受	不能忍受	不能忍受	不能忍受	不能忍受	不能忍受	不能忍受	养过
可以忍受	可以忍受	不能忍受	不能忍受	可以忍受	可以忍受	可以忍受	可以忍受	可以忍受	可以忍受	养过
可以忍受	可以忍受	可以忍受	可以忍受	可以忍受	不能忍受	不能忍受	可以忍受	不能忍受	不能忍受	养过
不能忍受	可以忍受	可以忍受	可以忍受	可以忍受	不能忍受	不能忍受	可以忍受	可以忍受	可以忍受	养过
不能忍受	不能忍受	不能忍受	不能忍受	不能忍受	不能忍受	不能忍受	不能忍受	不能忍受	不能忍受	没养过
不能忍受	不能忍受	不能忍受	不能忍受	不能忍受	不能忍受	不能忍受	不能忍受	不能忍受	不能忍受	养过
可以忍受	不能忍受	可以忍受	不能忍受	可以忍受	不能忍受	不能忍受	可以忍受	不能忍受	不能忍受	养过
可以忍受	不能忍受	可以忍受	不能忍受	可以忍受	可以忍受	可以忍受	可以忍受	不能忍受	可以忍受	养过
不能忍受	不能忍受	可以忍受	不能忍受	可以忍受	可以忍受	不能忍受	可以忍受	可以忍受	可以忍受	养过
可以忍受	不能忍受	可以忍受	可以忍受	不能忍受	不能忍受	不能忍受	不能忍受	不能忍受	不能忍受	没养过
可以忍受	可以忍受	可以忍受	不能忍受	可以忍受	可以忍受	不能忍受	可以忍受	可以忍受	可以忍受	养过
不能忍受	不能忍受	可以忍受	可以忍受	不能忍受	不能忍受	不能忍受	可以忍受	可以忍受	可以忍受	养过
可以忍受	可以忍受	可以忍受	可以忍受	可以忍受	可以忍受	可以忍受	可以忍受	可以忍受	可以忍受	养过
不能忍受	不能忍受	可以忍受	可以忍受	不能忍受	可以忍受	不能忍受	可以忍受	可以忍受	可以忍受	养过
可以忍受	可以忍受	可以忍受	不能忍受	不能忍受	可以忍受	可以忍受	不能忍受	不能忍受	不能忍受	没养过
不能忍受	不能忍受	不能忍受	不能忍受	可以忍受	不能忍受	不能忍受	可以忍受	不能忍受	可以忍受	养过
不能忍受	不能忍受	不能忍受	不能忍受	不能忍受	可以忍受	可以忍受	可以忍受	可以忍受	可以忍受	养过
可以忍受	可以忍受	可以忍受	不能忍受	可以忍受	可以忍受	可以忍受	可以忍受	可以忍受	可以忍受	没养过
不能忍受	不能忍受	不能忍受	不能忍受	不能忍受	不能忍受	可以忍受	可以忍受	可以忍受	可以忍受	养过
可以忍受	不能忍受	不能忍受	不能忍受	不能忍受	不能忍受	不能忍受	不能忍受	不能忍受	不能忍受	养过
可以忍受	可以忍受	可以忍受	不能忍受	不能忍受	不能忍受	不能忍受	可以忍受	不能忍受	可以忍受	养过
可以忍受	可以忍受	可以忍受	可以忍受	可以忍受	可以忍受	不能忍受	可以忍受	不能忍受	不能忍受	养过
可以忍受	不能忍受	可以忍受	不能忍受	不能忍受	不能忍受	不能忍受	可以忍受	不能忍受	不能忍受	养过
不能忍受	不能忍受	可以忍受	可以忍受	可以忍受	可以忍受	不能忍受	可以忍受	可以忍受	可以忍受	养过
不能忍受	不能忍受	可以忍受	不能忍受	不能忍受	可以忍受	不能忍受	可以忍受	可以忍受	可以忍受	养过
可以忍受	不能忍受	可以忍受	可以忍受	可以忍受	不能忍受	不能忍受	可以忍受	可以忍受	不能忍受	养过
可以忍受	可以忍受	不能忍受	可以忍受	可以忍受	可以忍受	可以忍受	可以忍受	可以忍受	可以忍受	养过
可以忍受	不能忍受	可以忍受	不能忍受	可以忍受	可以忍受	不能忍受	可以忍受	不能忍受	可以忍受	养过
不能忍受	不能忍受	可以忍受	可以忍受	可以忍受	不能忍受	不能忍受	可以忍受	不能忍受	可以忍受	养过
可以忍受	可以忍受	可以忍受	可以忍受	可以忍受	不能忍受	不能忍受	不能忍受	可以忍受	不能忍受	没养过
可以忍受	不能忍受	可以忍受	可以忍受	不能忍受	可以忍受	不能忍受	可以忍受	可以忍受	不能忍受	养过
不能忍受	不能忍受	可以忍受	不能忍受	可以忍受	可以忍受	不能忍受	可以忍受	不能忍受	不能忍受	养过
可以忍受	可以忍受	可以忍受	可以忍受	可以忍受	可以忍受	不能忍受	可以忍受	可以忍受	可以忍受	养过
不能忍受	不能忍受	可以忍受	可以忍受	不能忍受	不能忍受	不能忍受	可以忍受	可以忍受	不能忍受	养过
可以忍受	不能忍受	可以忍受	不能忍受	可以忍受	可以忍受	可以忍受	可以忍受	可以忍受	可以忍受	没养过
不能忍受	不能忍受	可以忍受	可以忍受	可以忍受	可以忍受	可以忍受	可以忍受	可以忍受	可以忍受	养过
不能忍受	不能忍受	不能忍受	不能忍受	不能忍受	不能忍受	不能忍受	可以忍受	不能忍受	可以忍受	没养过
不能忍受	可以忍受	不能忍受	不能忍受	不能忍受	不能忍受	不能忍受	不能忍受	不能忍受	不能忍受	没养过
可以忍受	不能忍受	可以忍受	不能忍受	可以忍受	可以忍受	不能忍受	可以忍受	不能忍受	可以忍受	养过

家长的忍受程度（H–L列）　　孩子的忍受程度（M–Q列）

这是我们统计过程中用电脑针对每个人的情况进行的汇总和梳理(表4)。左边5列是针对孩子们对小动物或者小虫子忍受程度的统计，右边的是家长的忍受程度情况。在调查过程中，为了避免家长的忍受程度对孩子有影响，我们特意把两组题分开采访，然后再汇总在一起作对比。

1. 针对家长的情况统计结果

我们把所有家长对蚂蚁、蜘蛛、蚯蚓、老鼠和壁虎的忍受情况作了分类。分成“可以忍受”和“不可以忍受”两大类，然后数出人数，再算出所占的百分比。

表5 统计结果

忍受情况统计 / 题目	可以忍受		不能忍受	
	人	%	人	%
当蚂蚁爬到腿上时	61	52.59	55	47.41
当有蜘蛛在衣服上爬时	27	23.28	89	76.72
当发现蚯蚓在脚边爬时	86	74.14	30	25.86
当有老鼠从面前跑过时	48	41.38	68	58.62
当看到壁虎在你的书桌或墙上时	66	56.90	50	43.10

2. 关于同学们的调查问卷

学生的情况和家长一样，分成“可以忍受”和“不能忍受”两种，进行统计。

表6 同学们的调查问卷

忍受情况统计 / 题目	可以忍受		不能忍受	
	人	%	人	%
当蚂蚁爬到腿上时	56	48.28	60	51.72
当有蜘蛛在衣服上爬时	20	17.24	96	82.76
当发现蚯蚓在脚边爬时	77	66.38	39	33.62
当有老鼠从面前跑过时	45	38.79	71	61.21
当看到壁虎在你的书桌或墙上时	58	50.00	58	50.00

3. 个案调查结果

我们借助周末或者放暑假的时候，访问到了一切同学或者家人。针对他们的情况作了记录，这样便于我们更深入地了解他们惧怕某种小动物或者小虫子的原因。

4. 咨询和调查结果

（1）青少年接触自然太少

（2）很多人具有昆虫恐惧症

5. 资料查阅结果

（1）克服怕虫子的心理强化训练

主动的、积极地去接触恐惧的东西达到消除恐惧的方法，例如，如果害怕在人前讲话，那么偏在人前讲话。

（2）学习有关知识

人对有些景物产生恐惧心理，是与缺乏这方面知识。如打雷、闪电。当你知道这是自然界正常现象时，于是自然中恐惧情绪就会缓解。虫子身上也有许多很多人都不具备的东西。很多虫子的生命力顽强、不屈不挠，跌倒了立即爬起来。

（3）习惯可怕情景

要敢于去碰所惧怕的景物，接触它，对那些景物习惯了，知道它“不过如此”，也就不怕了。如许多人开始时害怕在会上发言，后来硬着头皮去讲，结果受到大家鼓励，在以后会上发言就不会忐忑不安了，表情动作也自然了。

四．我们的结论与建议

（一）结论

1. 对小动物和虫子的恐惧是比较普遍的现象

2. 家长和孩子对小动物和虫子的忍受程度非常相似

表 7 左边是家长对各种动物的忍受程度，右边是孩子对相应动物的忍受程度。涂成黄色的部分是同一种动物忍受程度相同的，然后进行根据相应数目进行数据统计。

表 7　对小动物和虫子的忍受程度统计

忍受程度相同的动物的种类 / 种	无	1	2	3	4	5
相应数目 / 个	2	11	21	24	34	24
分别所占百分比 /%	1.7	9.5	18.1	20.7	29.3	20.7

3. 不常接触自然的人们更害怕小动物和小虫子

（二）建议

1. 减少电子产品的使用时间，多与大自然接触。

2. 家长和孩子要共同克服对小动物和虫子的恐惧

（1）克制自己的恐惧或者增加自己对小动物的忍受性。

（2）发挥榜样的作用。对于自己不怕可是孩子很怕的小动物，可以努力让孩子去接触。

（3）多接触小动物。通过接触小动物可以增进孩子和它们的感情减少恐惧。

专家点评

兴趣是最好的老师。喜欢小动物或虫子是小孩子的天性，但也有一些人，尤其是女孩子和她们的母亲害怕。于是作者进行了调查，以期了解同学们和家长对生活中的一些小动物和虫子的忍受程度，分析其中的原因，希望向害怕小动物和虫子的同学们提出关心、爱护小动物的建议，还希望大家都能够亲近自然，减少对动物的恐惧心理。题目有趣，调查手段多样，结论可信，展示丰富，是适合小学生的研究项目。

老师的话

答辩环节在整个课题研究中可以直观地反映出学生对整个研究内容及过程的把握。作为与其配合的演示文稿其重要性不言而喻。学生制作答辩 PPT 时容易出现以下一些问题，在 PPT 制作时应该注意。

1. 文字的数量过多。学生容易将文字大量地罗列在 PPT 中，使整篇演示文稿看起来过于冗长而杂乱无章。PPT 中的文字应尽可能做到简洁明了、直书主题，让评委通过简单的文字快速了解研究内容。另外演示文稿在答辩中还会起到提示选手的作用，所以文字应尽可能突出重点，让人一目了然。

2. 图片过大、排版乱、动画过多。有的学生在制作 PPT 时会使用大量的图片，有的会将图片放得过大，占据了文稿的大部分版面。在图片的使用上应恰到好处，文字和图片的比例应该适中。图片不易过大，并且在图文的排列上不宜将文字与图片交叉排列，这样会给人杂乱无章的感觉。文字与图片应分开排列，会让人觉得内容更加清晰更有条理性。有的学生为了美观会在 PPT 中加入一些与答辩内容无关的图片或者动画，其实这样做可谓画蛇添足，既破坏了答辩内容的完整性，又会使整个演示文稿看起来喧宾夺主。尤其是动画添加过多，会让评委感觉“心烦意乱”，从而为答辩者减分。

3. 流程图易出现问题。流程图是最能体现答辩者研究思路的部分，也是评委比较关注的内容，流程图是否具有逻辑性可以直接体现出学生的思路是否清晰，学生在此部分容易出现研究流程结构混乱的问题，需要多注意。

在对《我们怕不怕小动物或虫子》这篇论文的辅导中，学生在初次制作中基本符合要求，没有太大的改动，然而在细节中存在一些问题需要调整。比如在图片的使用上，学生在研究中很注意收集过程性资料因而拍摄了很多图片，在制作 PPT 时学生将大量的图片在演示文稿中进行罗列，在和学生沟通后将图片进行筛选，选择适当的图片加入 PPT 中，在“研究过程”中用图片进行展示。这样既增加了展示的趣味性，使得答辩更加轻松活泼，又向评委展示了研究的真实性，验证了研究过程，并且与低年级孩子的特点相得益彰。在展示的结尾处学生使用了“感谢聆听”作为结束语。很多学生在结尾处容易使用 “感谢聆听”或“感谢倾听”这样的语句，实际上在用词上都是不合适的，应注意避免。可以使用“感谢您的耐心”或“感谢教师和评委”这样的语言作为结束语。

一个好的演示文稿可以为整个答辩加分，答辩者一定要重视。

PPT 展示

研究方法及进度表

研究方法	时间安排
查阅资料文献	5月-10月
采访访谈	7月-8月
微信调查	7月-8月
问卷调查	7月-8月
咨询专家	7月-8月
数据统计分析	9月
归纳总结	10月

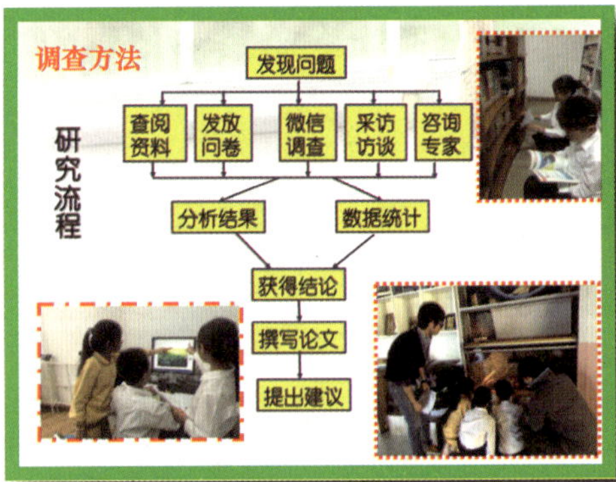

调查方法

1 微信调查

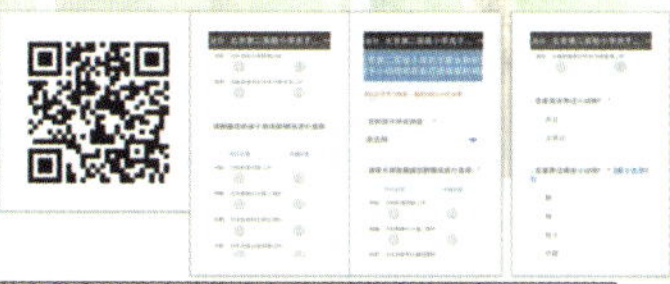

2 问卷调查

关于家长和学生对于小动物或虫子忍受程度的调查

我们是小学生，希望调查您对小动物或虫子的忍受情况，您不需要写姓名，我们不会涉及您的隐私，谢谢配合。

请回答以下问题

- 您家是否养过小动物？养过哪些？
- 请选出一种家长和孩子忍受程度相同的小动物，请说明原因。
- 请选出一种家长和孩子忍受程度不同的小动物，请说明原因

请将A或B填入下表，A——不能忍受　　B——可以忍受

面对小动物或虫子	家长	孩子
蚂蚁——当有蚂蚁爬上腿上时		
蜘蛛——当有蜘蛛在衣服上爬时		
蚯蚓——当发现蚯蚓在脚边时		
老鼠——当有老鼠从面前跑过时		
壁虎——当看到壁虎在你的书桌或墙上时		

调查方法

3. 采访访谈

您为什么怕虫子？有没有办法应对怕虫子？

虫子有什么让人感到不舒服的地方？

小动物对人有危害吗？

4. 拜访专家

用微信咨询北京麋鹿苑副园长郭耕先生和国家动物博物馆张劲硕博士，科学老师还带领我们学习动物恐惧症的相关知识。

5. 网上查找资料

怎样才能够与小动物和谐相处？

怎样做到不怕动物和虫子？

什么是自然缺失症？

调查结果

两位阿姨在答卷　　小朋友接受调查　　整理问卷

家长忍受情况统计 / 题目	可以忍受		不能忍受	
	人	%	人	%
当蚂蚁爬到腿上时	61	52.59	55	47.41
当有蜘蛛在衣服上爬时	27	23.28	89	76.72
当发现蚯蚓在脚边爬时	86	74.14	30	25.86
当有老鼠从面前跑过时	48	41.38	68	58.62
当看到壁虎在你的书桌或墙上时	66	56.9	50	43.1

调查结果

学生忍受情况统计 / 题目	可以忍受		不能忍受	
	人	%	人	%
当蚂蚁爬到腿上时	56	48.28	60	51.72
当有蜘蛛在衣服上爬时	20	17.24	96	82.76
当发现蚯蚓在脚边爬时	77	66.38	39	33.62
当有老鼠从面前跑过时	45	38.79	71	61.21
当看到壁虎在你的书桌或墙上时	58	50.00	58	50.00

咨询结果

1. 昆虫恐惧症是特定的恐惧症。指害怕特定动物，如昆虫、鼠、蛇等。有人曾被虫子咬伤，就产生了对昆虫的恐惧，后来害怕一切昆虫。可以说“一朝被蛇咬，十年怕井绳”

2. 目前我们接触自然太少，我们可能越来越关注大自然所受到的危害，但和大自然的亲密接触却越来越少，也越来越不喜欢自然中的动物和虫子。

调查结果

微信调查汇总

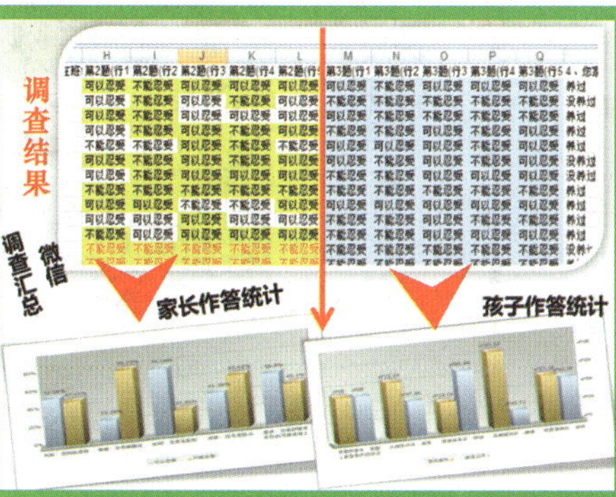

个案调查结果

编号	被调查人	职业	见到小动物或虫子是否害怕？主要表现。
1	女士	教师	特恐惧虫子，尤其是那种多脚的虫子，毛毛虫了、大蜈蚣等，每次看到心里都特不舒服，人带来被侵犯的感觉
2	女士	公司	很大的狗之类的我都不怕，但我就怕各种小虫子，我总觉得他们长的怪模怪样的……离得近了我都起鸡皮疙瘩。有些女强人在事业上遇到多大的危机都不会害怕，但是在家会怕蟑螂，因为蟑螂就像不定时炸弹，不是她所能控制的对象，随时都会带来不安。
3	先生	工程师	虫子和人比简直太渺小了，你看到了它，不必惊恐，它不能把你怎么样，就算在家里遇到虫子，也很容易解决,拿个硬物拍下去……然后用扫把清除，拿拖把拖一下地板。很多人觉得虫子恶心，是心理问题，我们一般不怕蚊子，又为什么怕虫子呢?
4	冯同学（男）	学生	我本身就不怕虫子，我认为虫子和动物也是生命，没什么可怕的，其实我也一直想知道为什么人会觉得昆虫好可怕，特别是女生，当然对有害的虫子我要离它远一点。
5	汪同学（女）	学生	我不怕虫子，大多数小动物也不怕，只是看到蜘蛛会觉得它有点恐怖，但是我从不去打扰它，蜘蛛也就没有伤害过我，所以我也就不再害怕。
6	女士	护士	我对蜘蛛爬行的样子感到特别恶心，其他软体动物也让我觉得特恶心，总之就是怕。虫子长得很恶心，凡是扭来扭去的东西都会勾起她们呕吐的欲望，或是带来钩子的感觉。
7	张同学（男）	学生	我害怕会跳的虫子，其他的虫子看着不害怕，距离太近了也会怕，还有像蟑螂，爬的特别快的虫子。
8	女士	保姆	我们在乡下天天接触虫子，不觉得虫子有什么可怕的。
9	马同学（男）	学生	我怕蟑螂，其他还好。我们有些男生也怕虫子，但是要装作不怕，否则别人会吓唬我的。
10	李同学（女）	学生	我真的很害怕，见到虫子就感到特恶心。见过一个男生见到蟑螂叫得像女高音花腔的，随后一女性朋友熟练运气，一掌把蟑螂给灭了。
11	申同学（女）	学生	妈妈怕的老鼠我会怕，觉得老鼠很恶心。特别是害怕老鼠从我们身边窜过的一瞬间，总是吓得我和妈妈心惊肉跳。

一种符合学生外耳道形状的 3D 打印耳机

李兆基

一、发明背景

当我使用耳塞式耳机听音乐一段时间以后，我的耳朵会很不舒服，有胀胀的感觉，甚至是胀疼。如果看电影时间长了后，比如 1 小时，外耳道特别疼，耳朵里边也疼。我询问我的同学们，发现他们也有类似的困扰，就是用耳机看电影听歌一段时间以后耳朵会很不舒服。

我向妈妈要求买一个既能够听歌看电影，又不会让耳朵难受的耳机。妈妈只买到两种耳机，一种是小耳机，插入耳朵，也叫耳塞式耳机；一种是大耳机，将耳朵包住，也叫头戴式耳机（图 1），我不喜欢大耳机，因为它体积大，携带不方便；有一定的重量，压着脑袋；最重要的是，由于大耳机将耳朵包住，捂着耳朵会非常热，尤其不适合在夏天使用，我很少使用大耳机。小耳机虽然轻便易携带，使用也方便，但使用后会导致耳朵不舒服。

图 1　耳塞式耳机和头戴式耳机

因此，我的发明就是一种特别适合于小学生使用的耳机，它使用方便，更加舒适。

二、发明内容

1. 确定耳机的创新方向

将我日常使用的耳塞式耳机与头部的CT扫描图片对比，认为导致我使用耳机后耳朵疼的主要原因除了声音对耳膜的刺激外，还由于耳机插入外耳道部分体积较大所导致。具体来说，我是小学生，我的耳朵还在生长发育阶段，外耳道窄小，外耳道内膜较稚嫩和敏感。当体积较大的耳机插入外耳道后，挤压外耳道内膜，导致外耳道软骨部分受力、微血管被压迫，耳朵会有痛感。如果长时间插入耳机，外耳道内膜和血管可能会坏死，软骨会磨损，导致外耳道受损，严重的时候会导致听力受损（图2）。

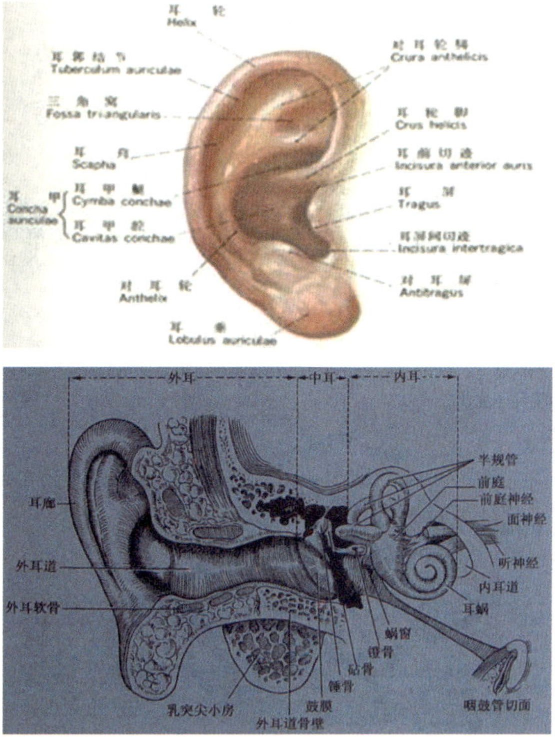

图2　耳廓与外耳道

我意识到，由于耳机太大，与我的外耳道的形状不契合，出现了压迫耳道内膜、血管和软骨的情形，这是导致我戴耳机后耳朵不舒服的主要原因，这恐怕也是大部分小学生使用耳机后不舒服的主要原因。因此，我的发明必须要解决耳机与耳朵的构造不契合的问题。而最有效的方法，就是发明一种外形与外耳道的构造非常契合的耳机。

2. 确定耳朵的空间构型

关于如何确定耳机的空间构型，我的思路是，如果我发明的耳机能够与外耳道的形状契合，那么首先我需要知道外耳道的形状。我的发明思路虽然简单，但是据我检索互联网发现，目前世界上还没有人对小学生外耳道契合的耳机进行研发和生产。我相信这是一种最简单有效的方法。

由于外耳道并不在身体表面，目前能够确定外耳道形状的方法并不多。经过王红老师的指导我发现：一种是将医学材料注入使用者耳朵内，等材料成型后再取出来，这样就得到了使用者外耳道的形状；但是未成年人的外耳道表面非常稚嫩和敏感，这种材料对未成年外耳道的影响尚不确定，出于对健康的考虑，决定不使用这种方法。还有一种不伤害耳朵同时能够得到外耳道形状的方法，就是对耳朵部分做 3D 扫描，通过光学扫描仪扫描耳朵，得到耳朵的空间结构数据，比如耳廓大小、深浅、外耳道表面的孔径等，将这些数据输入电脑，在电脑上形成耳朵的三维图像，这样也就能获得外耳道的形状。我决定使用后一种不伤害耳朵的 3D 实时扫描方法。

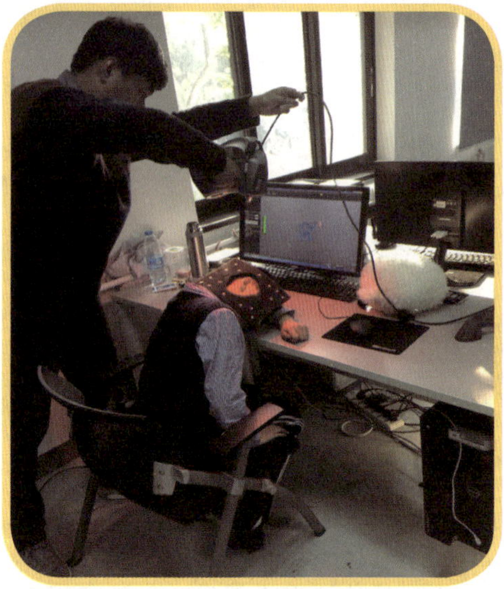

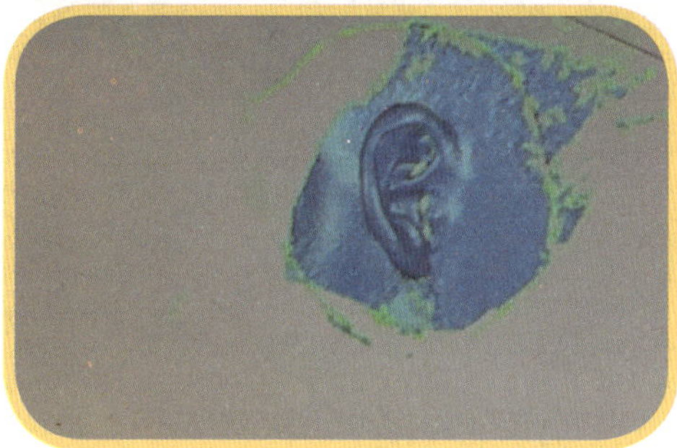

图 3　3D 实时扫描与耳朵的空间构型

在王红老师的帮助下，我找到了一台三维扫描仪，这种三维扫描仪能够扫描耳朵的外部形状，并且将扫描得到的耳朵数据传入电脑，在电脑的软件上得到耳朵的三维图像。我决定扫描我的耳朵的形状。扫描的时候，我先洗干净耳朵，然后侧着脑袋趴在桌子上，保留一只耳朵露在外面。由数据定位器固定我耳朵的形状，然后通过三维扫描仪对我的耳朵进行扫描。扫描的时候要求我不能做任何移动，确保耳朵处于静止状态。移动扫描仪不断地从多个角度对耳朵进行扫描。这样的扫描长达 10 分钟，确保每个耳朵均能够得到准确的扫描数据。耳朵的扫描数据是否精确对于耳机的尺寸影响很大。然后，再通过扫描仪，将扫描数据输入电脑，这样就能够通过软件获得自己耳朵的形状，包括平时看不到的外耳道。扫描和成像过程见图 3。

3. 设计耳机的立体模型

根据耳朵的空间构型，可以通过软件逆向构筑出与外耳道高度契合的耳机的空间构型，在王红老师的帮助和指导下，我通过简单操作软件，推导出耳机的空间构型的操作；最终设计出了耳机的空间模型。

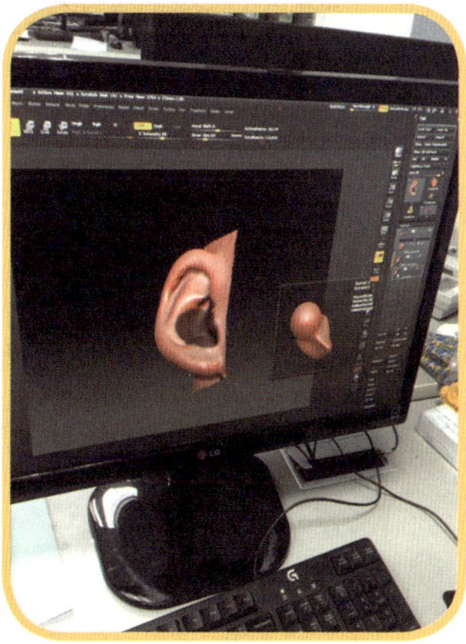
图 4　设计耳机的立体构型

4. 3D 打印耳机模型

经过王红老师的指导我发现，将耳机的电脑模型变成实物的耳机，目前主要有两种方法。一种是实物建模法，根据已经设计好的电脑模型，建立实物模型，然后以这个模型为模具通过浇铸法等方法将特殊的材料注塑成型、压延成型等，得到实物。这个方法优点是速度快、能够批量生产、对大尺寸的部件非常方便，缺点是实物建模有难度，对于耳机这样的小部件的制备精度不高，制备的耳机可能与电脑上设计的耳机模型尺寸存在 1 ～ 5cm 的差异。另外一种方法是 3D 打印技术，这种新技术特别适合于打印复杂结构。由于耳机结构小巧，和外耳道契合的表面是曲面，表面结构相对复杂，因此我的发明最适合通过 3D 打印方法制备。

3D 打印技术的打印精度高，能够精确到 0.1mm，特别适合对于精度要求比较高的小部件的打印。但是需要提前对 3D 打印的部件进行设计。但是 3D 打印也分为很多种，有熔融挤出的 3D 打印，打印产品表面粗糙，但是颜色好看；还有光固化 3D 打印，打印的产品表面精度较高，特别适合复杂曲面，但是颜色单一。耳机这样内部中空的部件，外部曲面复杂的部件，使用 3D

图 5　中国科学院赵宁教授讲解 3D 打印技术

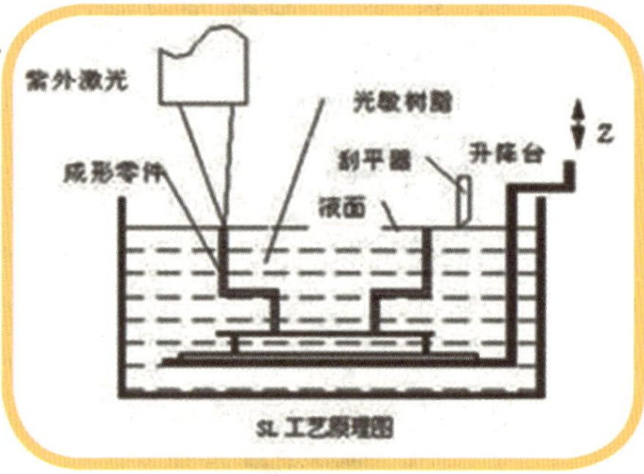

图 6　光固化 3D 打印的原理

图 7　北京 3D 打印研究院赵新副院长讲解光固化 3D 打印技术

打印技术中的光固化 3D 打印效果更好。

在与中国科学院的老师交流后，我决定使用光固化3D打印技术打印我的发明。

我了解到光固化 3D 打印技术就是通过高能量的紫外激光在光敏树脂中进行的树脂成型打印。激光是按照计算机设计的 3D 模型来照射，照射到光敏树脂上，树脂就固化了，由液体变成固体，没有照射到的树脂仍然是液体。当激光照射完毕后，就形成了与 3D 模型一样的固体，将它从液体中取出，进行洗涤干燥处理，就得到了 3D 打印产品。

我利用光固化 3D 打印技术，开始了耳机的打印。使用的机器是 3D 打印研究院的光固化 3D 打印机，紫外光的功率是 213 毫瓦，单个耳机打印用时 50 分钟。成型的耳机为乳白色。由于耳机的材料为光敏树脂，在室外使用会受到紫外光的影响，最终会变成黄色。

5. 耳机的后期修改

我将耳机的发声部件移入耳机内部固定，然后将耳机整体成型。我所发明的耳机的形状不规则，我需要通过试戴耳机，根据使用的感受，对耳机的设计进行校正，以使得耳机达到与我的最佳匹配。

在耳机的结构设计结束后，可以对

耳机的外观进行修改。对耳机的外观的修改需要考虑如下因素：露在外边的部分需要符合外耳的设计，尽量使用耳朵的形状卡住耳机，以确保耳机在使用过程中不会掉下来。体积要小巧，增加使用的方便性。同时还需要尽可能多地考虑美观等因素。由于 3D 打印材料的限制，目前北京使用的 3D 打印光固化材料主要是光敏树脂，它的颜色只有两种：半透明的白色和乳白色，因此在颜色方面对耳机的改性有限。我在耳机的外侧，以浮点的形式设计了我的名字的缩写，L-Z-J，作为后期修饰。

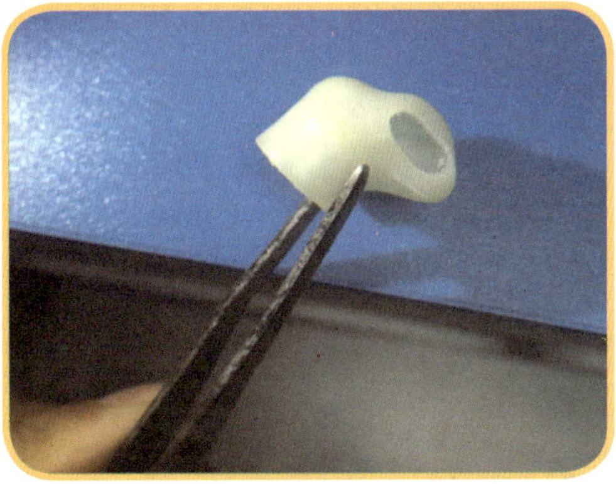

图 8　光固化 3D 设备以及打印出的耳机外部结构

6. 耳机的效果

耳机是根据我的外耳道进行设计的，我对耳机的使用效果感受最明显。将我发明的耳机与 IPhone6 的耳机进行体验式对比。对比效果见表 1。

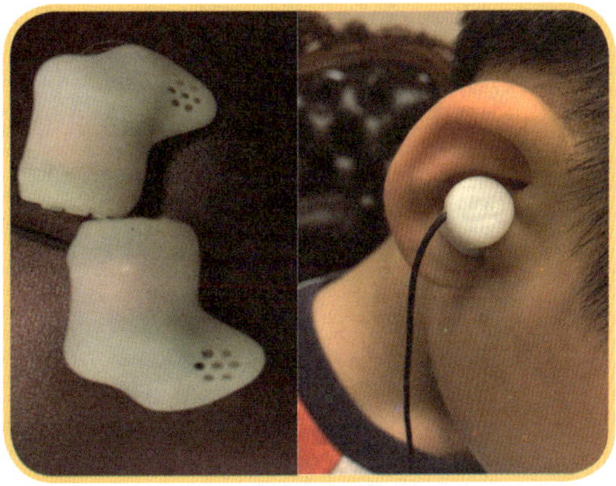

图 9　耳机与使用

表 1　发明的耳机与 IPhone6 原装耳机的使用效果比较

	刚带上	5 分钟	10 分钟	30 分钟	60 分钟
IPhone6 耳机	无痛感	耳道略微有压迫感	耳道有痛感	耳道痛感加大	很难受
发明的耳机	无痛感	无痛感	无痛感	无痛感	无痛感

三、发明的市场化可行性分析

在王老师的指导下，我尝试着进行我发明的耳机的市场化可行性分析。目前市场上没有销售专门适合于小学生的耳机，因此，我发明的耳机具有占领这部分空白市场的先发优势。

将我发明的耳机市场化的关键在于优异的效果和合适的成本。优异的效果已经通过我自己的亲身体验获得验证，我使用 IPhone6 原装耳机和使用发明的耳机，在进行学习和娱乐一段时间后，耳朵的感受完全不同，使用 IPhone6 原装耳机会让耳朵疼痛，而使用发明的耳机并不会给耳朵带来不适。在越来越重视小学生的身体健康的当下，我发明的耳机的优异效果会让小学生喜欢使用我的耳机，也会让家长愿意为之买单。

合适的成本是耳机市场化的另一个重要因素。目前 IPhone6 原装耳机售价在 300 元，我以这个价格为市场普遍能够接受的心理价格。我的耳机的成本主要分布在：耳朵 3D 扫描和成像费用，与外耳道契合的耳机部分的设计费用，耳机 3D 打印费用和耳机的发声部件费用。其中低档、中档、高档的耳机大小的发声部件的平均价格在 10 元、50 元和 100 元，我使用的是高档的发声部件。耳朵 3D 扫描和成像费用以及与外耳道契合的耳机部分的设计费用涉及 3D 扫描仪使用费、软件操作费（人工）。3D 扫描仪使用费约 20 元 / 半小时，软件可以使用 AUTOCAD 等绿色免费的图像软件，如果自己不擅长使用软件，可以请专业人士帮助操作软件，这个人工费用大概 30 元 / 半小时。耳机的光固化 3D 打印费用，包括光敏树脂材料费和机器费，通常按照打印出的耳机的重量收费，10 元 / 克，我打印的两个耳机一共重 5 克。根据我的价格核算，如果愿意接受使用高档的耳机发声部件，耳机的总费用可以在 200 元。

如果市场化之后，可以预期的价格分析见表 2。

表 2　市场化后耳机预期成本

	类别	费用	备注
耳机发声部件	低档	10	
	中档	50	
	高档	100	优选
耳朵 3D 扫描和成像费用	高精度实时扫描仪操作费	20 元 / 半小时	如果购买一台高精度实时扫描仪，客户越多成本越低，50 元为最高价格
与外耳道契合的耳机部分的设计费	软件使用和人工操作费（设计费）	30 元 / 半小时	
光固化 3D 打印费	光敏树脂和高精度光固化 3D 打印机使用费	10 元 / 克	优选，一般 4 ～ 5 克；如果购买机器和原料，则成本更低
总费用	最高 200 元，需求增多则价格更低		

很显然，市场化后的耳机的最高价格为 200 元，仍然在市场能够接受的价格范围内。如果需求增多则耳机成本会更低。

因此我认为，耳机单个成本最高在 200 元左右，随着需求的规模化，耳机的价格会更低。受到在校小学生巨大数目的影响，我的发明如果做市场化，还是很有前景的。

专家点评

人们普遍都用过耳机，小学生也不例外。但是很少有人想到现有的与手机配套的耳塞式耳机多依据成年人外耳道大小设计，不一定适合小学生的耳道，这是作者比较有创意的地方。小学生由于耳朵还在发育、外耳道较窄，使用一般耳机后会使外耳道有不适的现象。作者为了解决这个问题，巧妙地运用立体扫描成像技术确定小学生外耳部分的三维结构，设计了与自己耳朵的形状契合的耳机模型，并用 3D 技术打印出个性化的耳机，这是非常有意义的一步，即发现问题、分析问题再解决问题的过程，是值得推荐学习的。

老师的话

一、制作答辩 PPT 基本要求

作为指导教师，每次在辅导学生制作答辩用的演示文稿时，我都会在之前把注意事项一一给学生们讲清楚。其中必须要提示的几点包括:

1. 完整展示

PPT 也应是一个完整的课题展示，论文中的研究背景、研究过程、研究结果等几大项不可少。但要做到概括简要，言简意赅，还要突出重点，要让评委老师和观众们听明白自己所做的研究项目。

2. 巧用图表

PPT 要直观形象地表现重点。因为图的效果要好于表格的效果，表格的效果要好于文字叙述的效果。切记不要长篇大论，让听者心烦。能引用图表的地方尽量引用图表，的确需要文字的地方，要将文字内容高度概括，简洁明了化。为了条理清晰可用编号标明。

3. 篇幅适度

页数不要太多，20 篇左右。要在有效的篇幅内，既完整展示研究项目，又不造成听者的视觉疲劳。

4. 图文并茂

PPT 不应过于枯燥，可适当修饰美化，可添加小动画，增加趣味性，提升视觉效果。

有了以上的要求，学生制作 PPT 不再盲目， 基本上能达到较好的效果。这些基本要求的制定，也是我多年来从事科技教育工作所积累下来的经验。

二、实例解析

就拿这次我辅导的李兆基同学的《一种符合学生外耳道形状的 3D 打印耳机》的答辩 PPT 来说吧。孩子在听取了我的要求后，所做的 PPT 基本无需大的改动，只需要从细节的地方做做文章。

1. 开篇新颖、引人注目

最初采用的是直奔主题式，上来就是题目、作者，跟大多数同学所做的别无两样，缺乏新意。我就跟孩子沟通，能不能想出一种一下子就能抓住大家的注意力，又和自己所做主题相吻合的开篇形式，于是就诞生出先让大家听一段音乐的第一张 PPT。

2. 选图讨巧、迎合潮流

在学生的初稿中，虽然也插入了一些图片，是从动物矢量图片中找的，想提高趣味性，但明显不够新颖，不吸引眼球。那时《疯狂动物城》这部电影很受欢迎，于是在修订 PPT 中就出现了一些符合潮流元素的图片。

有了吸引评委的潮流元素，怎么把问题说清楚呢?

3. 应用动画、凸显重点

在最初的稿中，学生使用的动画效果重点突出的不够，本来答辩所用的 PPT 就是简洁明了，添加动画的目的是让人一目了然，所以在反映目前的耳机与外耳道不契合时，采用了向后直线移动进入外耳道的动画效果，直观醒目，说明了问题所在，无需语言上的赘述。

总之，一个好的项目答辩的 PPT 演示文稿，不仅要让别人了解讲者的意图，更应使人有一种赏心悦目的感觉。

PPT展示

让听说读写更加舒适
一种符合学生外耳道形状的3D打印耳机
李兆基
小学五年级

发明动机：
为什么我要做这个发明
夏天热
重量沉
体积大
长时间佩戴耳朵肿痛
海绵垫容易
滋生细菌
刺激耳膜
手机或者IPAD匹配的都是耳塞式耳机，长时间使用，我感觉到我的耳朵很不舒服，有胀胀的感觉，甚至是胀痛。我询问我的同学们、朋友们，发现他们也有类似的困扰。

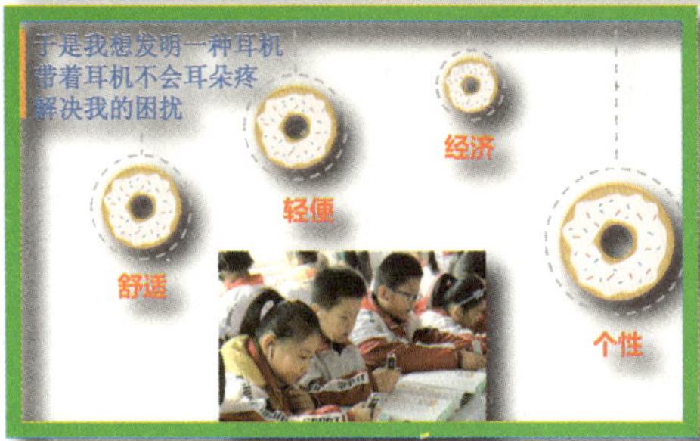
于是我想发明一种耳机
带着耳机不会耳朵疼
解决我的困扰
经济
轻便
舒适
个性

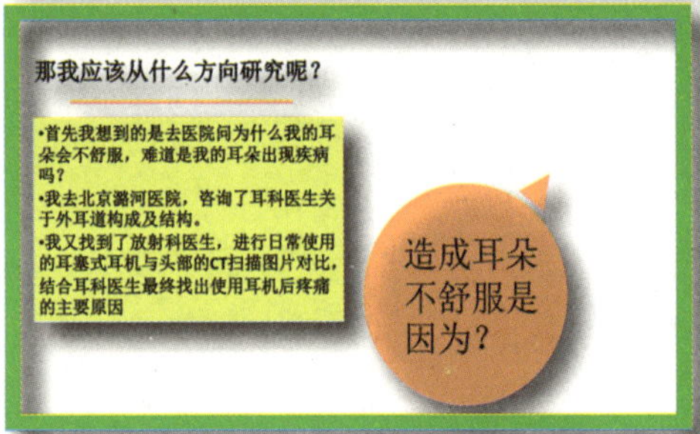
那我应该从什么方向研究呢？
•首先我想到的是去医院问为什么我的耳朵会不舒服，难道是我的耳朵出现疾病吗？
•我去北京潞河医院，咨询了耳科医生关于外耳道构成及结构。
•我又找到了放射科医生，进行日常使用的耳塞式耳机与头部的CT扫描图片对比，结合耳科医生最终找出使用耳机后疼痛的主要原因
造成耳朵不舒服是因为？

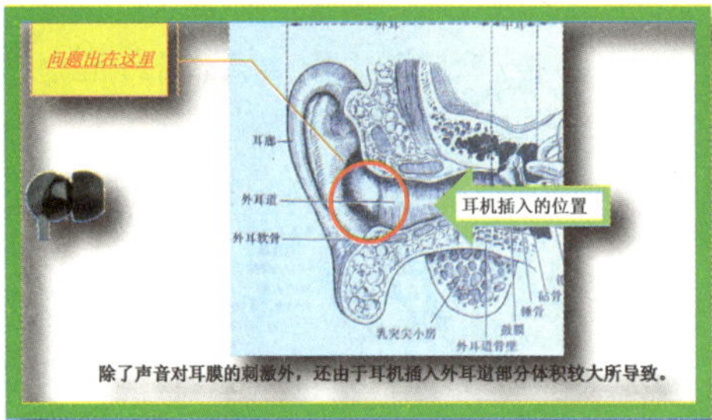
问题出在这里
耳机插入的位置
除了声音对耳膜的刺激外，还由于耳机插入外耳道部分体积较大所导致。

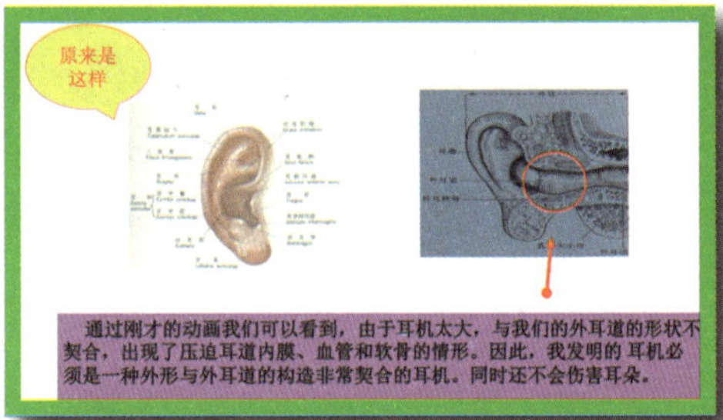
原来是这样
通过刚才的动画我们可以看到，由于耳机太大，与我们的外耳道的形状不契合，出现了压迫耳道内膜、血管和软骨的情形。因此，我发明的耳机必须是一种外形与外耳道的构造非常契合的耳机。同时还不会伤害耳朵。

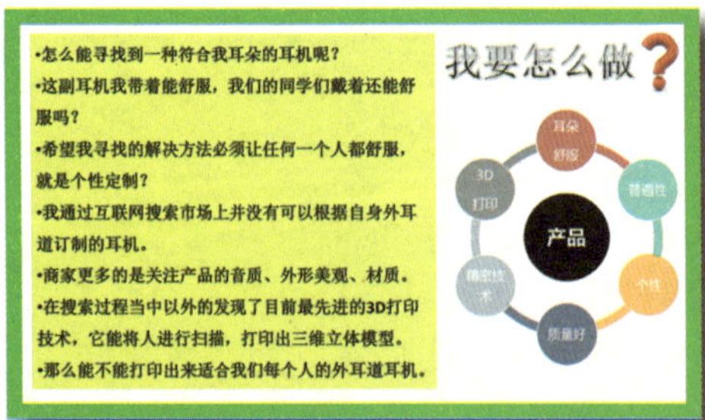
•怎么能寻找到一种符合我耳朵的耳机呢？
•这副耳机我带着能舒服，我们的同学们戴着还能舒服吗？
•希望我寻找的解决方法必须让任何一个人都舒服，就是个性定制？
•我通过互联网搜索市场上并没有可以根据自身外耳道订制的耳机。
•商家更多的是关注产品的音质、外形美观、材质。
•在搜索过程当中以外的发现了目前最先进的3D打印技术，它能将人进行扫描，打印出三维立体模型。
•那么能不能打印出来适合我们每个人的外耳道耳机。
我要怎么做？
耳朵舒服
个性
3D打印
产品

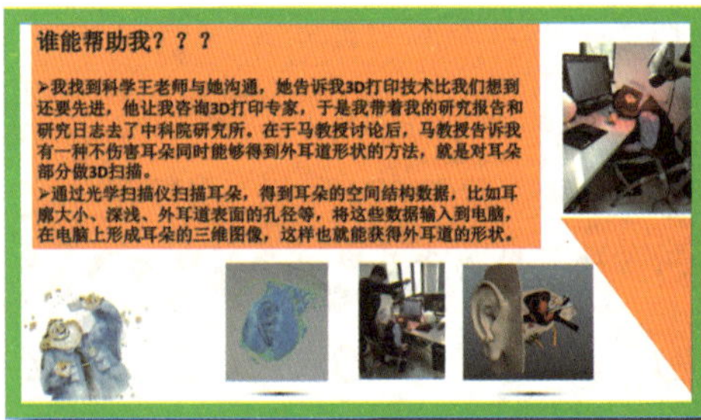
谁能帮助我？？？
➢我找到科学王老师与她沟通，她告诉我3D打印技术比我们想到还要先进，他让我咨询3D打印专家，于是我带着我的研究报告和研究日志去了中科院研究所。在于马教授讨论后，马教授告诉我有一种不伤害耳朵同时能够得到外耳道形状的方法，就是对耳朵部分做3D扫描。
➢通过光学扫描仪扫描耳朵，得到耳朵的空间结构数据，比如耳廓大小、深浅、外耳道表面的孔径等，将这些数据输入到电脑，在电脑上形成耳朵的三维图像，这样也就能获得外耳道的形状。

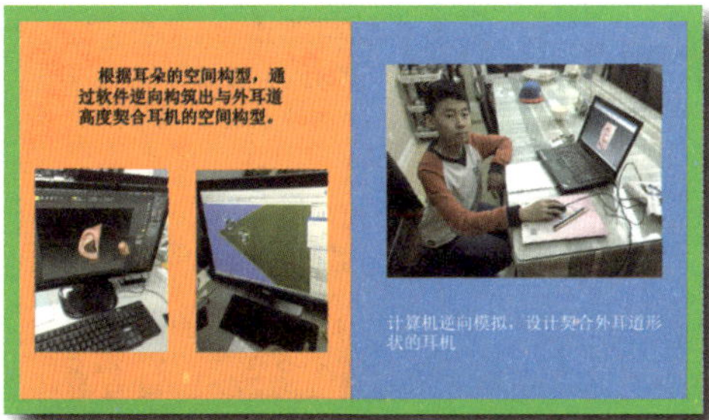
根据耳朵的空间构型，通过软件逆向构筑出与外耳道高度契合耳机的空间构型。
计算机逆向模拟，设计契合外耳道形状的耳机

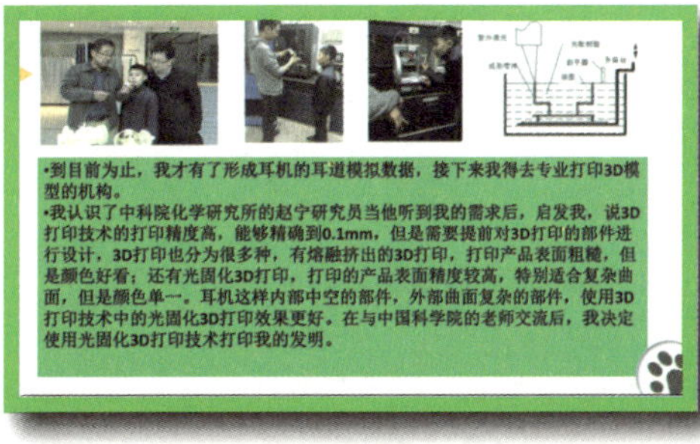
•到目前为止，我才有了形成耳机的耳道模拟数据，接下来我得去专业打印3D模型的机构。
•我认识了中科院化学研究所的赵宁研究员当他听到我的需求后，启发我，说3D打印技术的打印精度高，能够精确到0.1mm，但是需要提前对3D打印的部件进行设计，3D打印也分为很多种，有熔融挤出的3D打印，打印产品表面粗糙，但是颜色好看；还有光固化3D打印，打印的产品表面精度较高，特别适合复杂曲面，但是颜色单一。耳机这样内部中空的部件，外部曲面复杂的部件，使用3D打印技术中的光固化3D打印效果更好。在与中国科学院的老师交流后，我决定使用光固化3D打印技术打印我的发明。

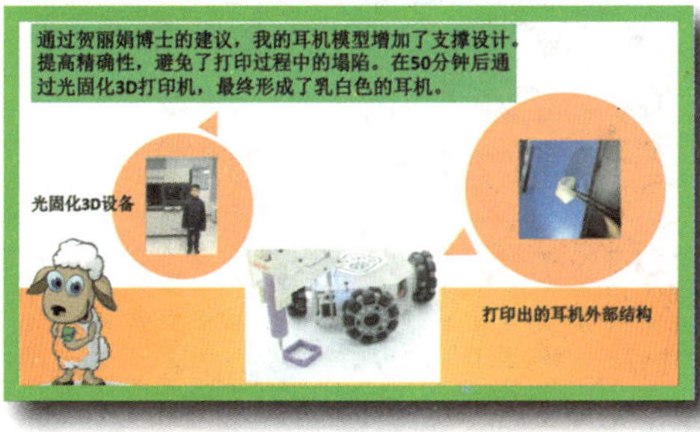
通过贺丽娟博士的建议，我的耳机模型增加了支撑设计。提高精确性，避免了打印过程中的塌陷。在50分钟后通过光固化3D打印机，最终形成了乳白色的耳机。
光固化3D设备
打印出的耳机外部结构

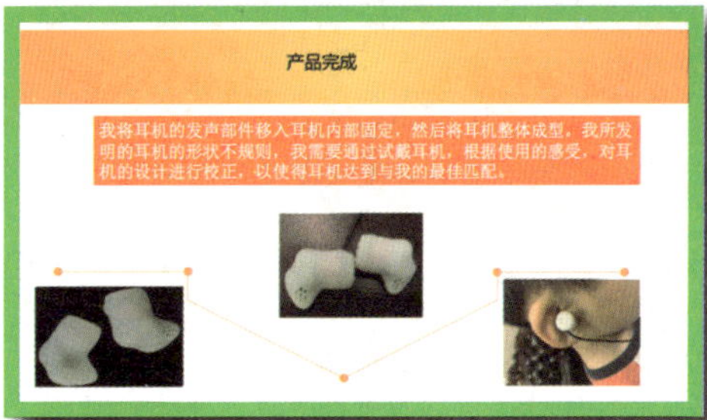
产品完成
我将耳机的发声部件移入耳机内部固定，然后将耳机整体成型。我所发明的耳机的形状不规则，我需要通过试戴耳机，根据使用的感受，对耳机的设计进行校正，以使得耳机达到与我的最佳匹配。

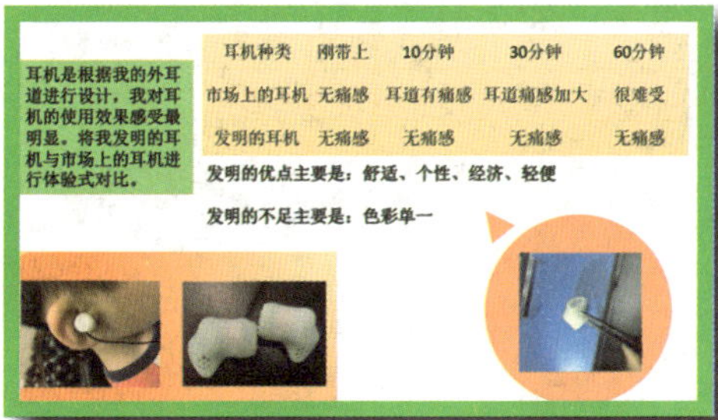
耳机是根据我的外耳道进行设计，我对耳机的使用效果感受最明显。将我发明的耳机与市场上的耳机进行体验式对比。
耳机种类 刚带上 10分钟 30分钟 60分钟
市场上的耳机 无痛感 耳道有痛感 耳道痛感加大 很难受
发明的耳机 无痛感 无痛感 无痛感 无痛感
发明的优点主要是：舒适、个性、经济、轻便
发明的不足主要是：色彩单一

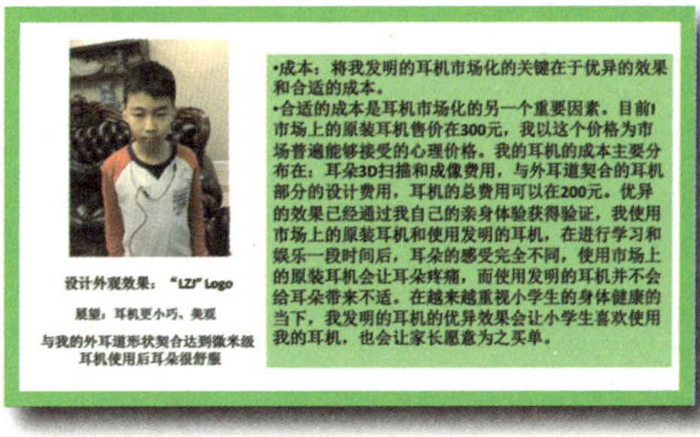
设计外观效果："LZJ" Logo
展望：耳机更小巧、美观
与我的外耳道形状契合达到微米级
耳机使用后耳朵很舒服
•成本：将我发明的耳机市场化的关键在于优异的效果和合适的成本。
•合适的成本是耳机市场化的另一个重要因素。目前市场上的原装耳机售价在300元，我以这个价格为市场普遍能够接受的心理价格。我的耳机的成本主要分布在：耳朵3D扫描和成像费用，与外耳道契合的耳机部分的设计费用，耳机的总费用可以在200元。优异的效果已经通过我自己的亲身体验获得验证，我使用市场上的原装耳机和使用发明的耳机，在进行学习和娱乐一段时间后，耳朵的感受完全不同，使用市场上的原装耳机会让耳朵疼痛，而使用发明的耳机并不会给耳朵带来不适。在越来越重视小学生的身体健康的当下，我发明的耳机的优异效果会让小学生喜欢使用我的耳机，也会让家长愿意为之买单。

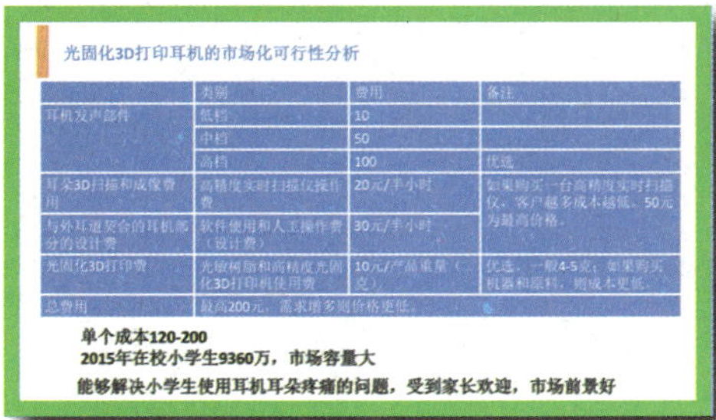
光固化3D打印耳机的市场化可行性分析
	类别	费用	备注
耳机发声部件	低档	10	
	中档	50	
	高档	100	优选
耳朵3D扫描和成像费用	高精度实时扫描仪操作费	20元/半小时	如果购买一台高精度实时扫描仪，客户越多成本越低。50元为最高价格。
与外耳道契合的耳机部分的设计费	软件使用和人工操作费（设计费）	30元/半小时	
光固化3D打印费	光敏树脂和高精度光固化3D打印机使用费	10元/产品重量（克）	优选，一般4-5克；如果购买机器和原料，则成本更低。
总费用	最高200元，需求增多则价格更低。		
单个成本120-200
2015年在校小学生9360万，市场容量大
能够解决小学生使用耳机耳朵疼痛的问题，受到家长欢迎，市场前景好

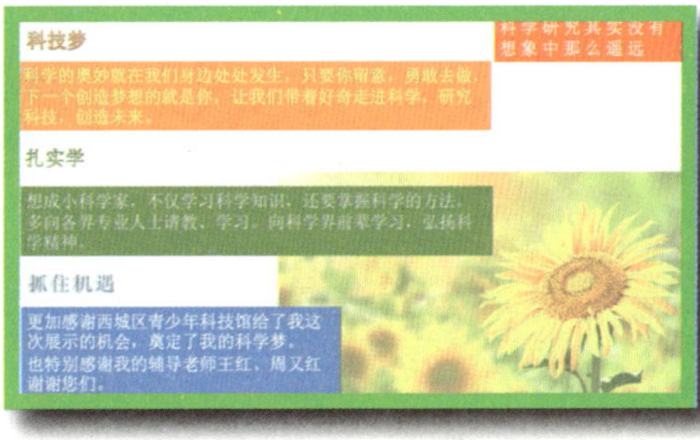
科技梦
科学研究其实没有想象中那么遥远
科学的奥妙就在我们身边处处发生，只要你留意，勇敢去做，下一个创造梦想的就是你，让我们带着好奇走进科学，研究科技，创造未来。
扎实学
想成小科学家，不仅学习科学知识，还要掌握科学的方法，多向各界专业人士请教、学习，向科学界前辈学习，弘扬科学精神。
抓住机遇
更加感谢西城区青少年科技馆给了我这次展示的机会，奠定了我的科学梦。
也特别感谢我的辅导老师王红、周又红
谢谢您们。

健康酸菜腌制方法研究报告

石宸羽　石宸吉

一、研究背景

每年秋天，外婆会腌制过冬吃的酸菜，炖熟了吃，酸酸的、香香的，好吃极了，让人回味。今年外婆回老家了，我们都很想念外婆腌的酸菜，跟妈妈跑到超市，发现酸菜有好多种，买了几种回来，却远远不如外婆腌的酸菜酸脆可口，有的尝起来发硬、闻起来有异味，还普遍添加了防腐剂。

为满足人们旺盛的需求，酸菜已由传统手工作坊转向工业化生产，生产得多了，口味却变差了。我们想，爱吃酸菜的人那么多，怎样才能传承传统方法，腌制出健康好吃的酸菜，让大家放心的吃，需要对怎样腌酸菜作一番研究。

二、研究目的

（1）研究腌酸菜时亚硝酸盐含量的变化趋势，找到腌制酸菜的最佳时间周期和方法。

（2）探究对比不同腌制条件（放盐量、维生素C、密封、温度和容器材质）对酸菜产生亚硝酸盐的影响。

（3）调查人们腌制、购买酸菜的习惯，了解人们对安全吃酸菜知识的掌握程度，对国家有关部门的监管提出合理的建议。

三、研究方法

1. 咨询答疑

研究中，多次去西城区青少年科技馆与指导老师当面交流，通过微信、邮件与老师沟通。在老师的指导下，确定研究目标、制定研究方案、学习实验方法，解决遇到的各类问题。

向老师学习检测方法

在国家图书馆查资料

2. 查阅资料

为做好研究方案、调查问卷、实验方法、腌制方法的制定设计，得到详细背景资料，我们通过互联网搜索信息，同时在图书大厦、国家图书馆查阅了《中国大百科全书》《泡菜大全》《手做酱泡菜》《农产品质量安全知识问答》等书籍。

3. 实地考察法

考察超市、小店的酸菜，观察包装上的腌制方法、钠的含量等。

4. 咨询专家

在确定腌制方法、设计调查问卷和腌酸菜过程中，面对面请教邻居腌酸菜能手（3 人），解决了我们腌制遇到的问题。

关于酸菜管理机构、检测机构、标准等情况，咨询了国家质检总局专家。

5. 问卷调查

为了解大家腌酸菜方法和习惯，我们设计了"腌酸菜"调查问卷。

发放方式：不同地点随机发放纸质问卷、手机微信发放电子版问卷。

在北京香山和承德避暑山庄开展纸质问卷调查

共发放纸质问卷 82 份，收回有效问卷 82 份；发放手机问卷 122 份，收回有效问卷 122 份。总计有效问卷 204 份。

6. 实验检测

我们的实验目的是通过研究不同腌制条件对酸菜中产生亚硝酸盐的影响，得到亚硝酸盐含量数据的变化，实验设计如下：

（1）冬季实验

① 腌制材料准备

※16 只坛子：陶瓷坛 14 只，玻璃 2 只 ※筷子 20 双 ※石头 16 块 ※粗盐 3 斤 ※大白菜 25 斤（16 颗） ※辣椒半斤（2 袋）	※矿泉水 8 桶（每桶 5 升） ※温度计 2 支 ※厨房秤 1 个 ※维生素 C 一瓶 ※花椒半斤（2 袋）

② 腌制步骤

- 清洗。把实验用的坛子、石头刷干净，开水烫一下，在阳台上晒干。
- 编号。给坛子 1 ～ 15 号编号，贴上标签。
- 选材。买大白菜、花椒、辣椒等腌制材料。
- 洗菜。去掉大白菜根部等不干净的部分，清洗 3 遍。
- 切菜。大白菜竖着切 4 份，在阳光下晒 3 小时。
- 进坛。每坛 3 ～ 4 份大白菜，一圈圈摆实，菜与菜之间不留空间，放上盐、干辣椒和花椒。
- 烧水。将矿泉水烧开，放凉。
- 加水。水没过大白菜 2 厘米。
- 封坛。压上筷子（后改为压石头），加盖，盖沿加水，确保密封。

摘掉不干净菜叶清洗白菜

先切去根，再切菜：一切为四

先洗坛子，后入坛

取酸菜

酸菜炒肉

③ 材料投放

通过查阅资料、咨询专家等方式，把编号 1、2、3、15 定为标准组，其他坛子为对照组，进行我们的探究实验。

坛子编号	食盐量	花椒	辣椒	维生素 C	其他
1	2%（12 克）	是	是	否	标准组
2	2%	是	是	否	标准组
3	2%	是	是	否	标准组
4	0.5%（3 克）	是	是	否	—
5	5%（30 克）	是	是	否	—
6	10%（60 克）	是	是	否	—
7	15%（90 克）	是	是	否	—
8	2%	是	是	否	不放水密封
9	2%	是	是	否	玻璃坛子
10	0.5%（3 克）	是	是	否	玻璃坛子
11	2%	是	是	是（1 千克 4 片）	—
12	2%	是	否	否	—
13	2%	否	是	否	—
14	2%	否	否	否	—
15	2%	是	是	否	标准组

（2）夏季实验

① 腌制材料准备

※4只坛子：陶瓷坛 ※石头8块 ※粗盐1斤 ※大白菜8斤（5棵） ※辣椒2两（1袋）	※矿泉水2桶（每桶5升） ※温度计2支 ※厨房秤1个 ※维生素C一瓶 ※花椒2两（2袋）

② 腌制步骤

与冬季腌制方法相同。

③ 材料投放

编号	食盐量	花椒	辣椒	维生素C	其他
1	2%（12克）	是	是	否	冷藏标准组
2	2%	是	是	是（每公斤4颗维生素C）	冷藏维生素C
3	2%	是	是	否	常温标准组
4	2%	是	是	是	常温维生素C

（3）检测方法

① 仪器准备

※亚硝酸盐测试盒5盒 ※研钵2个 ※搅拌棒1根 ※量筒1个 ※试管8根	※大吸管4支 ※滤纸2盒 ※活性炭1瓶 ※漏斗1个

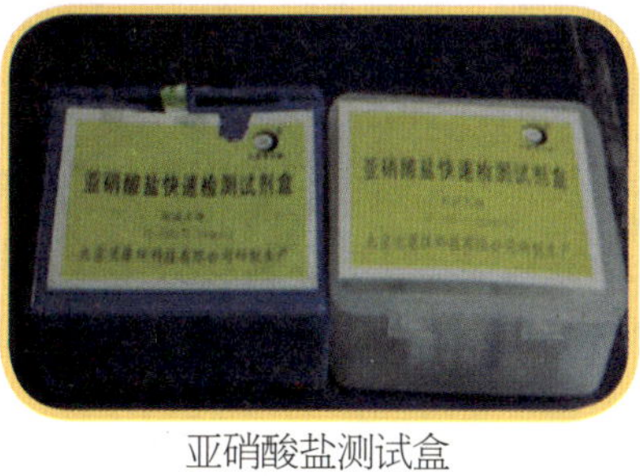

亚硝酸盐测试盒

实验仪器

② 冬季测试时间

2 月 27 日至 3 月 29 日，每两天测量一次酸菜坛菜汤中亚硝酸盐含量，测量温度，记录结果。

4 月 6 日、8 日，测试酸菜菜叶中亚硝酸盐，因酸菜长虫没有成功。

③ 夏季测试时间

6 月 10 日至 7 月 3 日，每两天测量一次测试酸菜汤。

6 月 18 日至 7 月 3 日，每两天测量一次测试酸菜叶。

9 月 11 日，对超市和小店所买酸菜进行亚硝酸盐测试。

④ 酸菜汤测试方法

- 用酸菜汤冲洗比色管两次；
- 用试管取酸菜汤 20 毫升；
- 向比色管中加 1 小勺亚硝酸盐试剂，盖上盖，摇动使其溶解；
- 静置 5 分钟；
- 自上而下与标准比色卡目视比色，与比色管中溶液色调相近的色标值，即为菜汤中亚硝酸盐含量，记录结果。

⑤ 酸菜叶测试方法

- 将菜叶、菜帮捣碎，取汁；
- 在汁液中加入一勺活性炭，搅拌 5 分钟；
- 将滤纸对折两次，打开呈圆锥状，半边为三层，半边为一层，放入漏斗；
- 将滤纸用菜汁浸湿，使它贴在漏斗上；
- 将加入活性炭的汁倒在漏斗上，过滤；
- 将过滤出的汁液按照酸菜汤测试方法测量，记录结果。

捣汁

取活性炭

过滤

添加亚硝酸盐测试剂

比色

记录结果

四、综合分析

（1）大家普遍爱吃酸菜，有 84% 的被调查者表示喜欢吃酸菜，31% 的人会腌酸菜。酸菜的安全性至关重要。

（2）人们在腌菜、买酸菜的过程中，有 75% 的人选择在 30 天以内食用酸菜，这时酸菜仍有亚硝酸盐，特别是 16% 的人选择在 5 ～ 14 天就开始吃酸菜，正是亚硝酸盐含量最大的时候，很危险。在腌过酸菜的 64 人当中，仍然有 61% 的人选择在 30 天以内食用酸菜，很多人追求口味，居然有 29% 的人在 5 ～ 14 天就开始食用酸菜，这时亚硝酸盐正处最多的时候，非常危险。

大家食用酸菜时机不是很安全。

（3）工厂生产的酸菜：一是钠含量高。根据我们的考察，有 50% 为高钠食物，每 100 克超过 1000 毫克。世界卫生组织建议，每人每日钠的摄取量不超过 2000 毫克。钠盐吃多了，影响健康，会造成脑中风和心脑血管病。二是添加剂多。超市买的酸菜 83% 都添加了多种添加剂。部分防腐剂、增味剂吃多了，直接影响健康。如谷氨酸钠摄入过多，对神经功能有抑制作用，安赛蜜过量对代谢排毒能力差的老人和孩子有害。

手工腌酸菜可以控制盐量，降低钠和有害添加剂的摄入，口感也好。

（4）在温度较低时，酸菜腌制 30 天以内，亚硝酸盐有一个逐步变高，持续攀升，逐步变低，直至消失的过程。大体上：9 ～ 13 天进入最高值，23 天左右处于较低水平，一个月后完全消失。吃腌制 5 ～ 22 天的酸菜，容易造成亚硝酸盐中毒。腌制 30 天后吃比较安全。

（5）维生素 C 能阻止亚硝酸盐的生成，它还是人体必需的维生素，无毒无害；适量加入，不影响口味。1 公斤白菜放入 4 片维生素 C（400 毫克）可阻断 80% 以上的亚硝酸盐产生，还能防止酸菜发霉，减少怪味。

（6）腌制酸菜，可以选择 2% ～ 5% 的盐；投放花椒和辣椒，整体看对亚硝酸盐产生无太大影响，腌制中保持隔水密封，温度过高时，放入冰箱冷藏保存。

（7）专业的检测机构检测酸菜叶中亚硝酸盐含量更加准确。

（8）在正规的超市买酸菜比在小店买更加安全。

五、结论

（1）手工腌制酸菜与工厂生产的酸菜比，口味更好，可以避免摄入过量的钠和大量添加剂。

（2）腌制酸菜应添加维生素 C、控制盐量，在 30 天后吃，会降低或避免摄入亚硝酸盐，保证了饮食安全，还可以根据口味适量添加辣椒和花椒，酸菜会更加美味。

（3）国家对小店出售酸菜的管理还有死角，老百姓对安全腌制、食用酸菜的认识还很不够，需要加大宣传。

六、建议

（1）国家卫计委、食品药品监督管理局等单位要加强宣传，改变大众观念，引导大家掌握健康腌制方法，避免吃腌制不到 30 天的酸菜。

（2）建议国家卫计委尽快出台酸菜检测标准。建议食品药品监督管理局等单位加大抽查比例，严格执行食品安全法，检测酸菜叶中的亚硝酸盐，不留管理死角，确保市场上出售的酸菜安全无毒。

（3）建议大家腌制酸菜时，以秋末冬初（5 ～ 15℃）为宜，选择新鲜大白菜或其他当季蔬菜，盐量 2% ～ 5% 之间，每千克投放 4 片维生素 C（每片 0.1 克），做好密封，30 天后开始食用发酵完全的酸菜，并放入冰箱冷藏。夏天可以在冰箱中腌制。

专家点评

石宸羽、石宸吉同学关注到人们在市场上购买的酸菜不如自家腌制的问题，进行了求真、求实的研究，选题有一定实用性。通过各种调查、实验检测等方法，研究腌制酸菜时亚硝酸盐量的变化趋势等对酸菜产生的影响。她们的研究思路清楚。试验过程中她们不仅获得了初步的科研方法，而且自己动手实践能力也得到了实习和锻炼。她们提出的建议针对性、可行性都比较强，进一步体现了本研究的实际价值。

期待在论文结构和基本部分上进一步改善，使论文思路更为清晰，写作更为规范。

老师的话

健康酸菜腌制方法研究报告这篇论文的答辩PPT是一个研究过程的缩影，需要在答辩的时候将自己研究过程全部展现给评委和观众。所以在PPT制作之前，就需要首先明确陈述内容的具体思路是什么，然后就是制定框架和填充内容，也就是所谓“我要介绍什么东西”。这第一阶段的工作并没有和学生在电脑上实施，而是在一张纸上描绘出一个大体的提纲，后在提纲上面涂涂改改，就像程序设计里面的逻辑图一样，看起来思路清晰。

前期的制作并不完美，每一页都按照事先整理的提纲按部就班，把需要的内容一股脑地放入PPT中去，这直接导致了原版PPT达到了30几页。接下来就要开始第二步——内容的选择。

论文的研究方法有很多，调查研究、咨询专家、实验研究等，这就让整个研究过程中的文字特别多。如果让观看的人读文字，这并不是制作PPT的目的，真正的目的是让观众思考口中所说，PPT只是辅助。所以本着“有图片不用图表，有图表不加文字”的原则，开始大篇幅修改PPT。

PPT中也需要有一些文字的地方，所以在制作过程中将PPT分为三部分：一是文字部分。文字能够最直观地表达作者的思想，观众不需要做过多的思考就能够理解，所以在研究背景和研究目的中，每一条都要用最精炼的语言去描述。二是图片部分，如果说文字能够表达思想，那么图片就能体现过程。不需要文字，甚至不需要语言，就能够知道作者的工作内容有哪些。用图片代替其他的方式来描述研究过程和研究方法最合适不过，一目了然，也减轻了答辩有时间限制的压力。三是数字图表的应用。文字图片的应用已经让PPT丰满起来，但是有了数字图表的加入，就又增加了一份说服力。无论是统计人数时的定性分析，还是进行实验时定量的记录，无一例外地都加强了逻辑性和科学性。

做到这里，答辩 PPT 似乎已经快要完成，尝试使用 PPT 演练一下，发现已经没有长篇大论的文字，但是篇幅依旧不少，最后就是内容的整合以及格式的调整。

内容整合要求不赘述，如果几张 PPT 讲述的是同一观点，非常有必要整合在一个版面内，这样能够让观众观看到一个整体，而不是一个个片段。同时整合还有另一个意思，就是删除。一篇 PPT 应该是一个有机的整体，讲究前后呼应和一致性。前面列出的研究方法，后面要一一体现，如果没有，要坚决去除这些内容。

最后就是格式的调整，每一个作者都有自己喜欢的风格，但是 PPT 的主要受众还是广大的观众，所以需要让大家看得清楚，看得明白，避免视觉疲劳。PPT 要简洁大方，浅色系为主，拒绝整篇幅的艳丽色彩，有一些功能要熟悉：文字颜色适当改变、阴影使用、突出文字、美化格式等。

全部完成之后一定要自己模拟答辩现场，演练几次，熟悉内容做一些小的修改。

PPT 展示

健康酸菜腌制方法研究
2015年11月

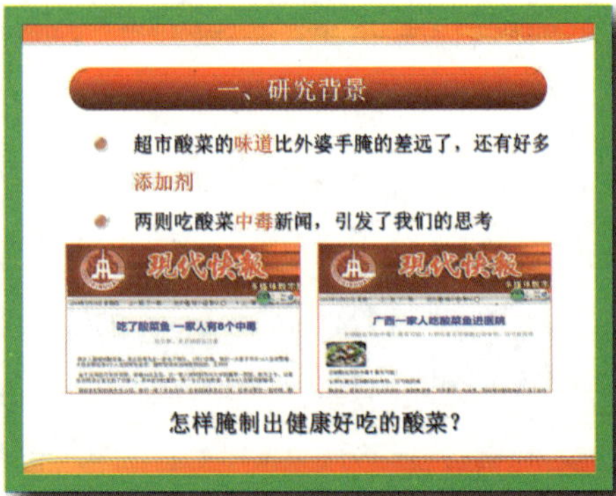
一、研究背景
超市酸菜的味道比外婆手腌的差远了，还有好多添加剂
两则吃酸菜中毒新闻，引发了我们的思考
现代快报
现代快报
怎样腌制出健康好吃的酸菜？

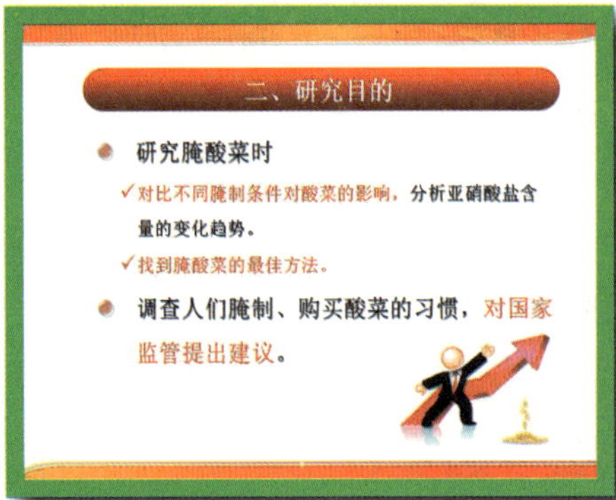
二、研究目的
研究腌酸菜时
✓对比不同腌制条件对酸菜的影响，分析亚硝酸盐含量的变化趋势。
✓找到腌酸菜的最佳方法。
调查人们腌制、购买酸菜的习惯，对国家监管提出建议。

三、研究方法
咨询答疑
查阅资料
实地考察
咨询专家
问卷调查
实验检测

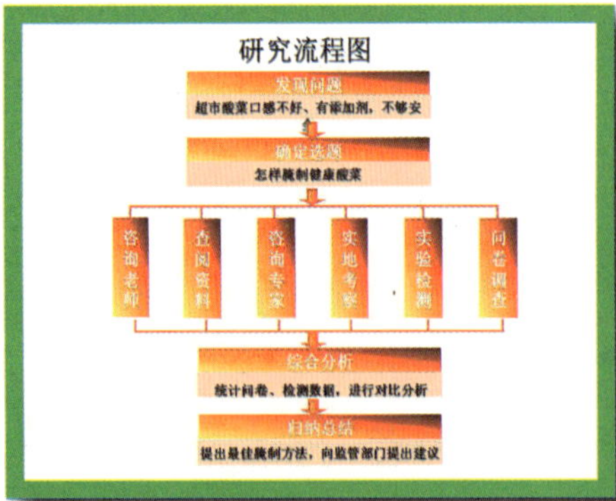
研究流程图
发现问题
超市酸菜口感不好、有添加剂，不够安
确定选题
怎样腌制健康酸菜
咨询老师
查阅资料
咨询专家
实地考察
实验检测
问卷调查
综合分析
统计问卷、检测数据，进行对比分析
归纳总结
提出最佳腌制方法，向监管部门提出建议

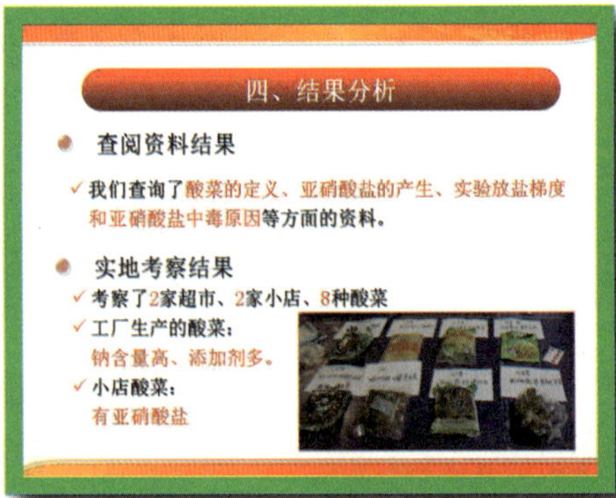
四、结果分析
查阅资料结果
✓我们查询了酸菜的定义、亚硝酸盐的产生、实验放盐梯度和亚硝酸盐中毒原因等方面的资料。
实地考察结果
✓考察了2家超市、2家小店、8种酸菜
✓工厂生产的酸菜：
钠含量高、添加剂多。
✓小店酸菜：
有亚硝酸盐

问卷调查结果

- ✓ 在北京、承德两地开展问卷
- ✓ 共收回有效问卷204份（纸质82份，电子122份）

问卷网设计手机问卷

在香山开展纸质问卷调查

➢84%的被访者爱吃酸菜

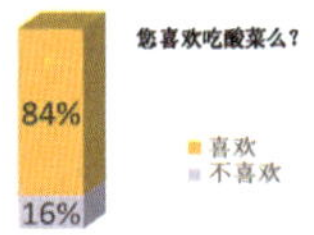

➢34%的被访者选择5%以上高盐腌制，不够健康

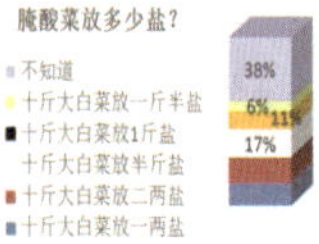

➢75%的被访者30天内吃，酸菜仍有亚硝酸盐，16%的被访者甚至5-14天开始吃，很不安全。

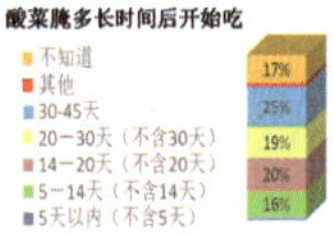

大家爱吃酸菜，但缺少安全腌制和食用酸菜的知识。

实验检测

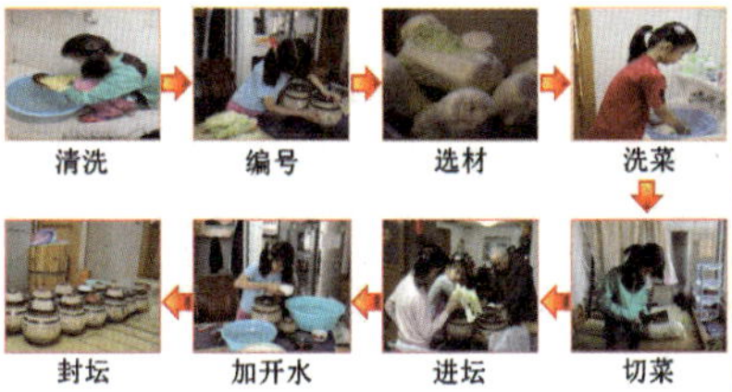

腌制步骤

冬季的对比实验

（2月27日到3月29日，隔天检测）

坛子编号	食盐量	花椒	辣椒	Vc	其他
1	2%（12克）	是	是	否	标准组
2	2%	是	是	否	标准组
3	2%	是	是	否	标准组
4	0.5%（3克）	是	是	否	—
5	5%（30克）	是	是	否	—
6	10%（60克）	是	是	否	—
7	15%（90克）	是	是	否	—
8	2%	是	是	否	不放水密封
9	2%	是	是	否	玻璃坛子
10	0.5%（3克）	是	是	否	玻璃坛子
11	2%	是	是	是（1公斤4片）	—
12	2%	是	否	否	—
13	2%	否	是	否	—
14	2%	否	否	否	—
15	2%	是	是	否	标准组

夏季的对比实验

（6月10日到7月3日，隔天分别测量酸菜汤、酸菜叶）

坛子编号	食盐量	花椒	辣椒	Vc	其他
1	2%（12克）	是	是	否	冷藏标准组
2	2%	是	是	是（每公斤4颗Vc）	冷藏Vc
3	2%	是	是	否	常温标准组
4	2%	是	是	是	常温Vc

几点体会

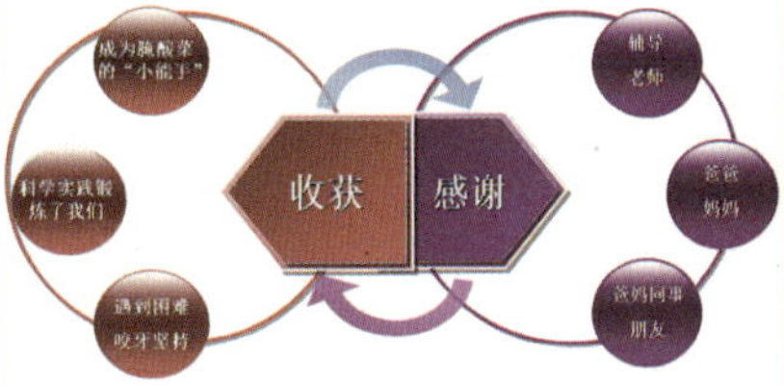

北京地铁空间中 $PM_{2.5}$ 及 PM_{10} 的调查研究

穆子雯

一、选题背景

随着北京地铁交通的飞速发展，地铁已成为北京市民出行、游客乘坐的最主要交通工具之一，每天超过千万的人使用地铁空间。然而，目前对于地铁中的空气质量还没有给予应有的关注。每次雾霾天气出门，爸妈都让我戴上口罩。而因为在地铁中看不到雾霾，所以每次进入地铁后我都会如回到家一样不自觉地把口罩摘下来，可是我还是注意到地铁中的空气与外面露天空气不太一样，甚至在一些大晴天坐地铁时会有些不舒服，于是我想到是不是地铁中也会有雾霾影响。

怀着这样的担忧，我上网搜索，结果吓了一跳，"地铁 $PM_{2.5}$ 是地上的 16 倍"的惊人标题出现在眼前；但也有相反的调查结果，潘石屹先生在 2014 年 12 月某日测试了地铁空气质量，测试结果表示空气质量很好。另外还有志愿者通过 $PM_{2.5}$ 的统计性测试对地铁出行与地面公交出行做了对比，在不同的天气条件下其结论有所不同。我感觉上面这些研究仅限于 $PM_{2.5}$ 数据记录与统计，缺少深入的分析。

在辅导老师的指导下，我检索、下载了近年来正式发表的有关雾霾学术论文，我发现了几篇有关地铁中空气质量的研究论文，其中涉及地铁空间中 $PM_{2.5}$ 的一些影响因素的筛选，比百度报道要明显深入一些，但这些研究也存在明显的不足，如影响因素考虑较少，很多分析结果只是基于单天、单站点测试结果得出，非常不系统。

这些疑问让我产生了浓厚的兴趣，想揭开这层神秘的面纱。于是，我对北京地铁中 $PM_{2.5}$ 和 PM_{10} 展开了调查研究。

二、研究目的

1. 调查地铁空间中 $PM_{2.5}$ 和 PM_{10} 的现状；
2. 分析地铁空间中 $PM_{2.5}$ 和 PM_{10} 的影响因素；
3. 提出对地铁运营部门的合理建议。

三、研究方法

本研究主要用到如下研究方法：

1. 资料查询法——查询文献中的相关研究结果；

2. 现场检测法——对北京地铁空间中的 $PM_{2.5}$ 和 PM_{10} 进行实地测量，同时测量温度、湿度、大气压力、客流量、地铁外部 $PM_{2.5}$ 和 PM_{10} 等数据；

3. 数据的对比分析法——对具有不同特征的站台作对比分析，找出不同站台间的差异；

4. 实验测量法——基于前述统计、对比分析结果，设计并开展小试验来进一步验证，实现定量化计量与估算。

四、研究工具

表 1　研究使用的工具

名称	用途	型号	品牌
手持式空气测量仪	测量 $PM_{2.5}$、PM_{10}、温度、湿度	CW-HAR200S	Chinaway 塞纳威
数码风速测量仪	测量风速	AS836	SmartSensor 希玛
电子气压计	测量大气压	CR2032	红色营地
食品保鲜袋	测呼吸时雾霾吸收率	中号	妙洁
500 mL 量筒	测量气体体积	500 mL	思齐

名称	用途	型号	品牌
1000 mL 烧杯	测量气体体积	1000 mL	思齐
1m 乳胶管	测量气体体积	7mm 直径	—
电脑	查阅资料、撰写论文	X240	Lenovo
照相机	记录现场照片	DMC-ZS3GK	Panasonic
秒表计时器	记录每分钟呼吸次数	TF307	天福

五、研究方案

1 . 现场检测研究方案

（1）影响因素分析

通过查阅相关文献，我了解到地铁站内空气质量可能会受以下因素影响：地上空气质量、温度、湿度、风力、人流量、气压等。

（2）研究站点选择

北京地铁网络错综复杂，不可能每个站点都去测量。在本次调查研究中，我把地铁站分为这样几组：换乘车站和非换乘站；地下车站和地上车站；老车站（1、2、13 号线路车站）和新车站（其他线路车站）。于是选取 7 个站点，以表 2 展示各站点特点。

表 2　选取的典型站点对比

序号	车站名称	是否换乘车站	地上或地下	新或老	经停线路
1	西直门	是	地下和地上	新和老	2、4、13
2	西单	是	地下	新和老	1、4
3	惠新西街南口	是	地下	新	5、10
4	建国门	是	地下	老	1、2
5	五道口	否	地上	老	13
6	北京站	否	地下	老	2
7	魏公村	否	地下	新	4

（3）测试天气选择

主要选择晴好、雾霾、大风和下雨 4 种天气进行测量，就可以得到不同温度、湿度、大气压力、风力时 $PM_{2.5}$ 的相应规律。

（4）现场测试顺序规划

为节约交通时间，测试过程选择如图 1 所示的路线进行。对每个站点也尽量选取相同的测试地点。分别在各个站点的地铁站外、通道、站台和车厢内进行温度、湿度、$PM_{2.5}$ 和 PM_{10} 的测试。

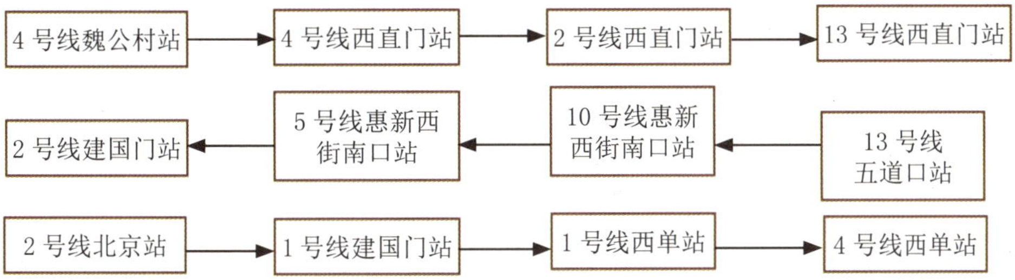

图 1　站点测试线路图

2．实验研究方案

（1）人体呼吸活动吸收 $PM_{2.5}$ 和 PM_{10} 量的实验测定

为了更为定量地检测人体呼吸活动对 $PM_{2.5}$ 和 PM_{10} 颗粒的吸收作用，我选取了呼吸前后颗粒物浓度之差除以呼吸前颗粒物浓度得到的百分比，即“吸收率”作为评定指标，分别对 $PM_{2.5}$ 和 PM_{10} 进行测量和计算。

我的实验方案是：雾霾天气时，准备好食品保鲜袋和 PM 测试仪，测试我呼吸过程中吸收 $PM_{2.5}$ 和 PM_{10} 的数据。过程如下：

① 测试室内 $PM_{2.5}$ 和 PM_{10}；

②吸入室内空气并正常呼出到原本无气体的保鲜袋中；

③测量保鲜袋内的 $PM_{2.5}$ 和 PM_{10}；

④呼出所有气体，然后吸入袋中的气体，再呼出到袋子中；

⑤再次测量保鲜袋内的 $PM_{2.5}$ 和 PM_{10}；

⑥ 再重复④、⑤过程 1 次，总共测量 3 次呼吸结果。

那么，是不是气体在体内停留时间越长吸收污染物的比例越高呢？在上面实验的基础上，每次吸入的气体在体内停留 5 秒时间，然后再呼出到保鲜袋中进行测试。

利用呼吸前后 $PM_{2.5}$ 和 PM_{10} 的测量值，就可以计算出单次呼吸对 $PM_{2.5}$ 和 PM_{10} 的“吸收率”。

（2）人体一次正常呼吸空气体积的实验测定

为了估算雾霾天气中我每天吸入的 $PM_{2.5}$ 和 PM_{10} 的量，我来到北京理工大学环境科学与工程北京市重点实验室，搭建如图 2 所示的实验装置进行了测试。我从管子的一头进行正常的呼吸，把一次正常呼出的气体呼到量筒中，进行气体测量，为了在测量时保持量筒内外液面齐平，以防量筒内的空气被压缩影响读数准确性，呼出气体后采用在烧杯中添加水的方法来控制，就可以直观地读出我一次正常呼吸的空气体积。

然后，我用秒表测量了我一分钟内正常呼吸的次数。有了这两个数据，我就可以算出一分钟我吸入的空气体积，进而可以算出一天的呼吸空气体积。利用一天的呼吸空气体积、一次呼吸吸收率以及大气中的 $PM_{2.5}$ 和 PM_{10} 数据，就可以得出我在相应雾霾天气时一天吸收 $PM_{2.5}$ 和 PM_{10} 的质量。

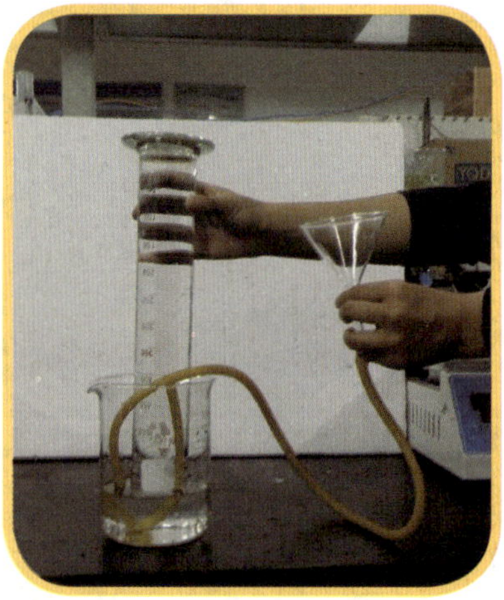

图 2　实验装置

六、研究结果及分析

1. 外部空气质量影响分析

首先分别在晴好天气与雾霾天气条件下，对比分析了站外空气质量如何影响地铁站内部空气质量。

地铁站外部空气质量好时（图 3），地铁空间内 $PM_{2.5}$ 和 PM_{10} 的数值普遍是外部数值的几倍，最高达 8 倍；换乘车站（西直门、惠新西街南口和建国门）比非换乘站差；地上车站和站外空气质量很接近，地下比地上开放式车站差；新、老地铁线路之间数据基本一致。

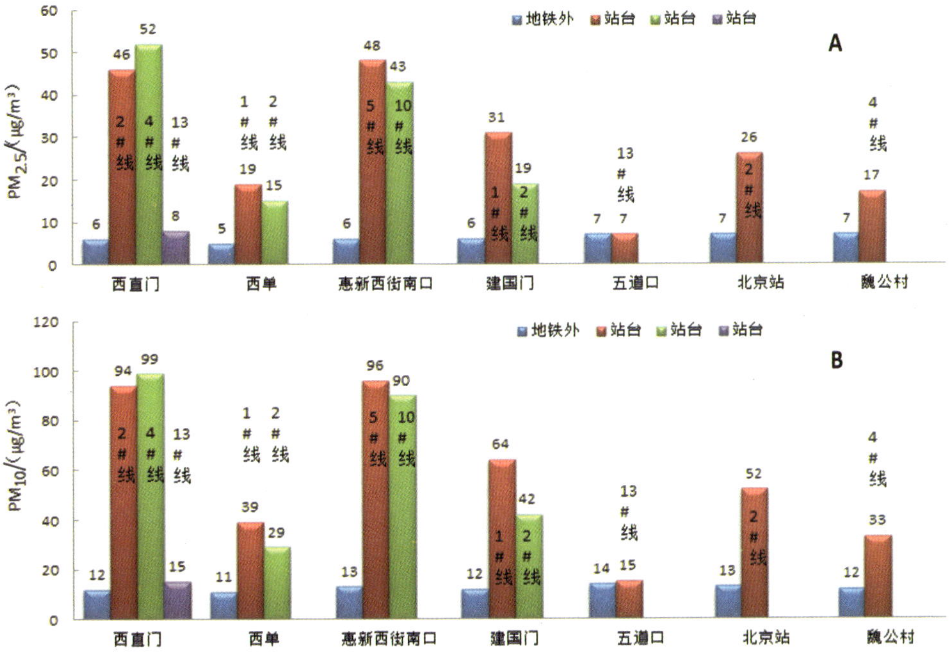

A. $PM_{2.5}$ 数据；B. PM_{10} 数据

图 3　天气晴好时，典型地铁站外部与站台空气质量对比

雾霾天气时的数据如图 4 所示。此时地铁站外部 $PM_{2.5}$ 和 PM_{10} 数值较高，

而地铁站内（站台）整体比地铁站外数据数值低，换乘车站（除西直门）数值较高；地下比地上开放式车站污染小；新、老车站区别不大。

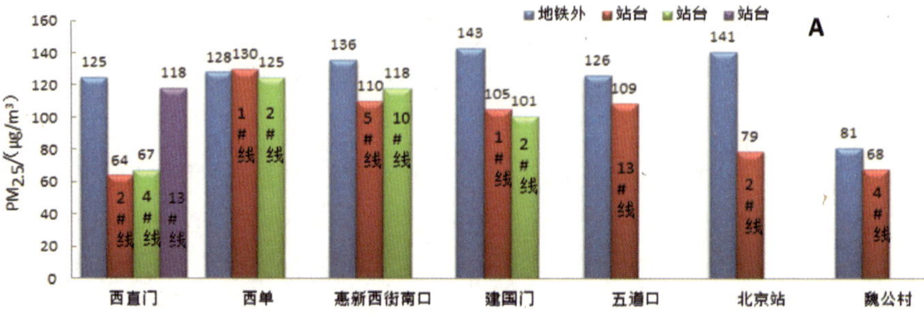

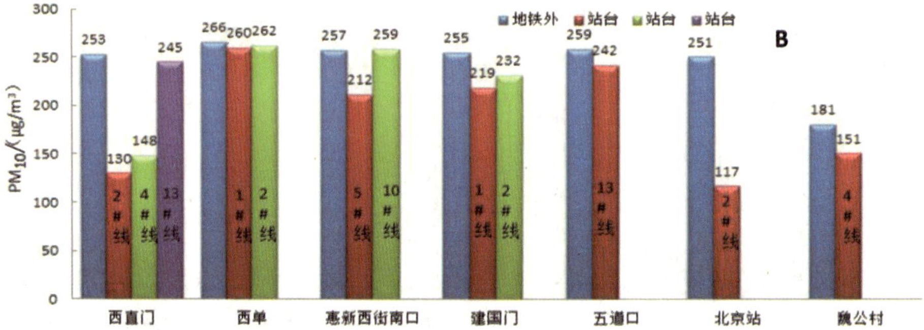

A. $PM_{2.5}$ 数据；B. PM_{10} 数据

图 4　雾霾天气时，典型地铁站外部与站台空气质量对比

对比晴天和雾霾的数据可以发现，整体上晴天地铁站内部比雾霾天好，说明地铁站内空气质量会受外部空气质量的影响。同时 $PM_{2.5}$ 和 PM_{10} 比例比较一致，PM_{10} 数值近似等于 $PM_{2.5}$ 数值的两倍，$PM_{2.5}$ 的数值规律也能体现出 PM_{10} 的数值规律，所以对其他地铁站只进行 $PM_{2.5}$ 的数据分析。

2. 不同地铁站内部 $PM_{2.5}$ 分布

不同车站的通道、站台和车厢内部的 $PM_{2.5}$ 分布比较一致（图 5）。对于通道，它连接了车站内外，受到外部空气影响较大，所以晴好天气时通道 $PM_{2.5}$ 值较小，雾霾天气时 $PM_{2.5}$ 数值较大。而站台的 $PM_{2.5}$ 变化比较稳定，

晴天时 $PM_{2.5}$ 下降一些，但没有通道的低；雾霾时，$PM_{2.5}$ 上升一些，但没有通道高。车厢内是相对最稳定的，虽也会受其外部空气影响，但影响最小。以上结果，对于各不同车站的变化规律基本一致。分析认为站台相对外部为半密闭空间，而车厢又是站台内的半密闭空间，每一层次的半密闭均会对 $PM_{2.5}$ 的变动起到一层缓冲作用，同时也可能有空调系统与人流的影响。

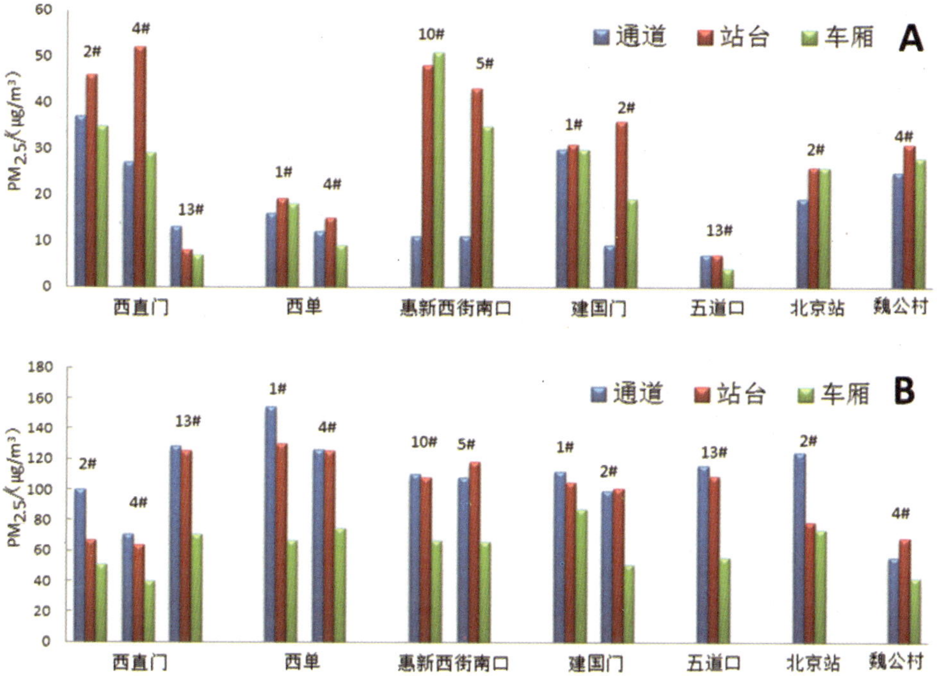

A. 晴好天气； B. 雾霾天气

图 5 各车站内通道、站台和车厢内 $PM_{2.5}$ 对比

3. 几个空气环境因素对地铁空间中 $PM_{2.5}$ 的影响

为了避免不同地铁站数据的差异，在这一部分只选择魏公村地铁站进行影响因素的对比。

对比图 6 中 A 和 B 可见，温度相近的情况下，雾霾情况差异却非常大，说明地铁内外温度对雾霾程度影响均不大。分析也认为温度对 $PM_{2.5}$ 没有直接的物理化学作用，所以基本不影响 $PM_{2.5}$ 指标。A 和 B 图中相同站台和车厢温度下 $PM_{2.5}$ 数值差异极大，仍然可见外部的雾霾情况对地铁内部 $PM_{2.5}$ 数据产生绝对性的影响。

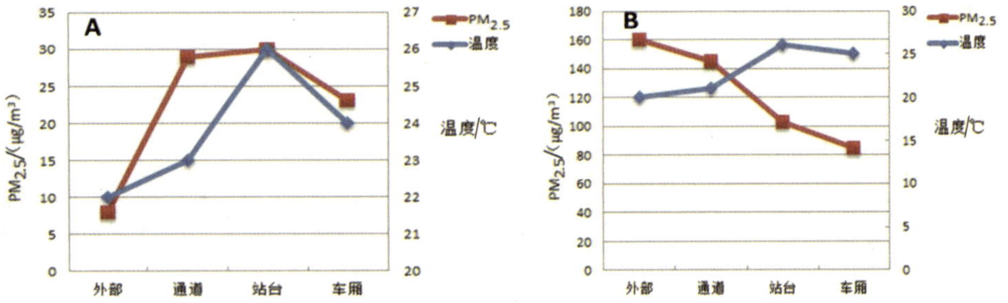

A. 外部气温较低；B. 外部气温较高

图 6　$PM_{2.5}$ 随地铁外部气温的变化规律

图 7 对比了不同湿度条件下的情况，发现湿度高低对地铁空间的 $PM_{2.5}$ 数值没有显著影响，即湿度高时 $PM_{2.5}$ 有高有低，湿度低时 $PM_{2.5}$ 同样有高有低。

在数个月的测试过程中，大气压力变化非常小，波动范围在 999 ～ 1006 hPa 范围内，且地铁站内外大气压一致。此情况下，大气压力对地铁站内外 $PM_{2.5}$ 影响可以忽略不计。

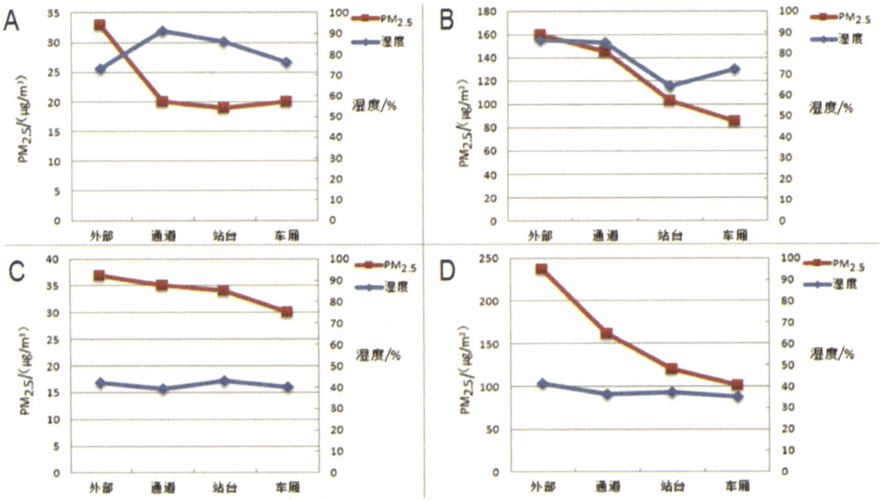

A 和 B 高湿度；C 和 D 低湿度

图 7　不同湿度条件下 $PM_{2.5}$ 对比

一般感觉风力对 $PM_{2.5}$ 有很大影响，刮大风时雾霾都被吹散了，不刮风时雾霾就会笼罩下来。但在地铁空间中的情况如何呢？图 8 给出了外部大风和外部无风情况下的对比，可见站外部 $PM_{2.5}$ 差异较大，但站内部的变化就不明显，其 $PM_{2.5}$ 数值很接近。根据之前的分析，可以说变化规律主要是由车站外部空气 $PM_{2.5}$ 控制的，与是否有风没有直接关系。此外，站内风速测试也表明，地铁内部风速对 $PM_{2.5}$ 影响不明显。

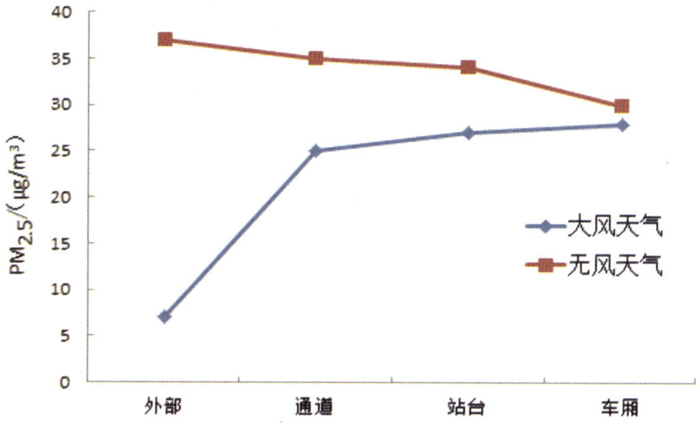

图 8　地铁外部大风和无风天气条件下 $PM_{2.5}$ 对比

4. 载客量对地铁车厢及站台 $PM_{2.5}$ 的影响

人活动会引起 $PM_{2.5}$ 的变化，这是我们的共识。在测试之前我的预期是人多的话 $PM_{2.5}$ 数值会较高，因为常常听说人流密集的地方，空气质量会差。

在西直门车站测量时，我对比测量了区间空车上及乘客人数较多时车厢内的 $PM_{2.5}$ 数值，发现空车时的数值竟然更高。另外，在西直门站台上，我也做了相应的测试。车到站时，下车人比较多，在载客量中进行取样测试，其结果与在同一地点等车时（站台基本没人）的情况进行对比。

从图 9 中可以看出，人多时 $PM_{2.5}$ 数值反而较低。我考虑这是因为人在呼吸时，吸入了 $PM_{2.5}$ 数值较高的空气，呼出了 $PM_{2.5}$ 数值较低的空气。人多的时候，大家在一起就像一台“人体空气净化器”，把空气净化了。但同时，

过滤掉的 $PM_{2.5}$ 却留在了人体当中。这难道是真的么？针对这样的现象，我在辅导老师的帮助下设计了《研究方案》中的估算人体吸收 $PM_{2.5}$ 量的两个实验，在雾霾天气条件下开展测试。

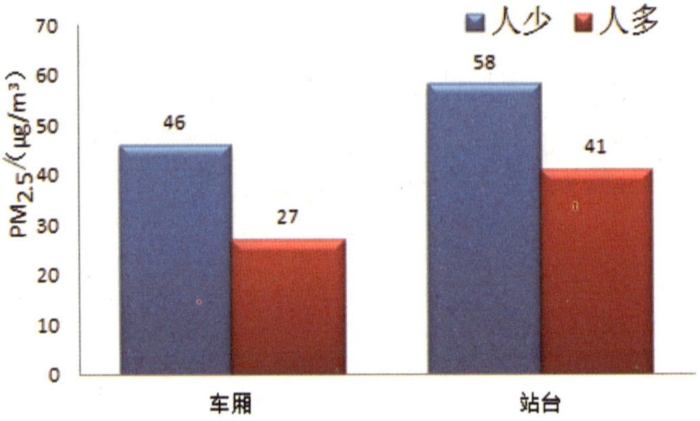

图 9　载客量的多少对 $PM_{2.5}$ 数值影响

5. 人体呼吸过程中吸收 $PM_{2.5}$ 和 PM_{10} 的试验

从图 10 中可以看出，正常呼吸时人体同时吸收 $PM_{2.5}$ 和 PM_{10} 的比例均在 40% ～ 50%，吸入气体在体内停留 5 秒时吸收百分比明显升高，最高达到 81%。

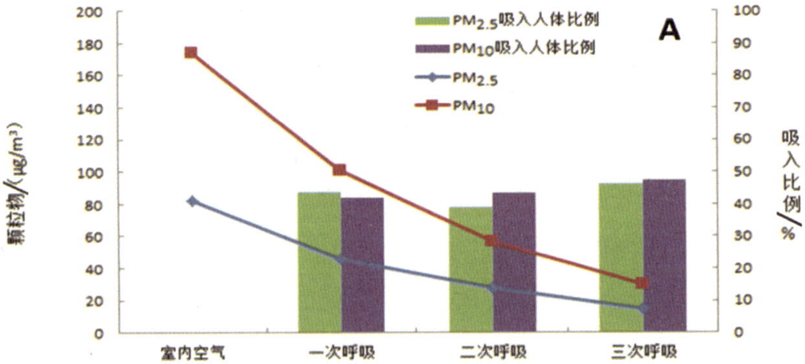

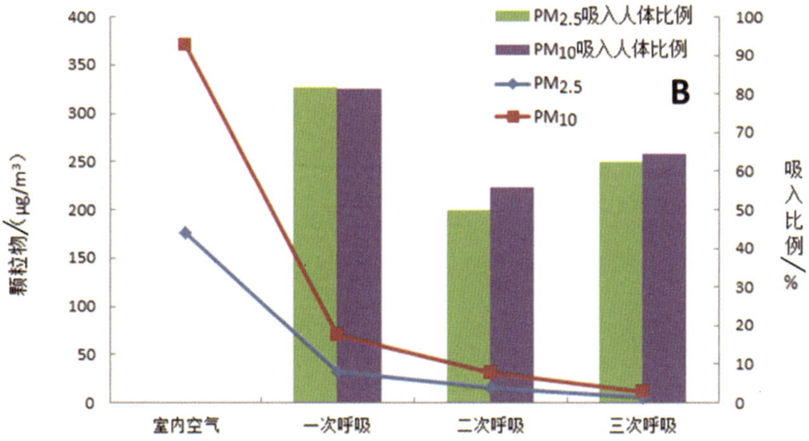

A. 吸入气体后快速呼出；B. 吸入气体停留 5 秒呼出

图 10　三次呼出气体中 $PM_{2.5}$ 和 PM_{10} 的变化以及人体吸收百分比

此外，由正常一次呼吸中呼出气体体积的测试得知，我一次正常呼出的气体体积约为 200mL，每分钟呼吸 22 次。所以我一天呼吸的气体量大概为：

$$200\times22\times60\times24=6336000\ \text{mL}=6.336\ \text{m}^3$$

按照正常呼吸时吸收 $PM_{2.5}$ 和 PM_{10} 的吸收率为 40% 计算，当我周围空气中 $PM_{2.5}$ 和 PM_{10} 分别为 200μg/m^3 和 400μg/m^3 时，我的呼吸系统一天内吸收 $PM_{2.5}$ 和 PM_{10} 的质量为：

$PM_{2.5}$：　6.336×40%×200= 506.88μg（即约 0.5mg）

PM_{10}：　6.336×40%×400= 1013.76μg（即约 1.0mg）

这个实验支持了我对于载客量多时车厢中 $PM_{2.5}$ 数值较低现象的解释。同时，也给出一个细颗粒物留存人体的定量的估算值。

成年人的吸收量还会远高于这一数值，我的辅导老师的单次呼吸量就大约是我的 2 倍；运动时的深呼吸不仅气量增大，而且深呼气意味着空气在体内停留的时间也加长，这样的情况与试验中让气体停留 5 秒的条件很相似，此时人体对 $PM_{2.5}$ 和 PM_{10} 的吸收百分比会高达 80% 左右。因此，我也明白了为什么雾霾天气不适合到户外做运动。

七、研究结论

（1）地铁站内部空气受站外部空气影响，外部空气好，内部空气也好；外部空气差，内部空气也差。半密闭的地铁内部空间相对地铁外部环境有一定的缓冲效果，表现为内部受外部的影响依通道里、站台上、车厢内的顺序递减，车厢内的 $PM_{2.5}$ 和 PM_{10} 数值最稳定。在户外重度污染条件下，乘坐地铁出行相对地面交通有一定优势。

（2）温度、湿度和大气压力对地铁空间中 $PM_{2.5}$ 和 PM_{10} 的影响不大；风力大小主要是对地铁站外部空气影响较大，而对车站内空气质量影响较小。

（3）载客量对地铁空间 $PM_{2.5}$ 和 PM_{10} 的影响比较显著，人多时 $PM_{2.5}$ 和 PM_{10} 较小，人少时 $PM_{2.5}$ 和 PM_{10} 较大。原因在于人呼吸对空气的净化作用。

（4）人体单次呼吸对所吸入空气中 $PM_{2.5}$ 和 PM_{10} 的吸收达到惊人的 40% ～ 50%，污染空气在体内停留 5 秒后的吸收百分比可达到 81%。一个小学生在 $PM_{2.5}$ 数值 200 的污染天气中，一天大约有 0.5mg $PM_{2.5}$ 颗粒和 1.0mg PM_{10} 颗粒被留在体内。本研究结果进一步说明雾霾天气佩戴过滤 $PM_{2.5}$ 专业口罩以及停止户外体育运动的必要性。

八、建议

我对地铁运营公司提出两条服务改进建议。第一，建议地铁运营公司能够在地铁所有站点内及车厢内安装 $PM_{2.5}$ 监测传感器，并将数值显示在醒目的位置告知乘客；第二，建议地铁运营公司能够在车厢内和整体隧道通风系统中加装针对 $PM_{2.5}$ 的过滤系统，并依据地铁站内传感器测试数据指导确定过滤耗材的更换周期，使地铁真正成为市民首选的绿色环保公共交通工具。

九、收获与体会

整个调查研究过程让我认识到主动思考、遇到问题及时讨论解决的重要性。本来一团乱麻似的地铁站，在辅导老师的帮助下一点点地弄清其中区别，最终找出有代表性的车站；在每次测量中，我都会想测量的方式对不对，存在什么问题；更重要的是，我知道了如何运用科学的方法研究我所关心的问题，探索未知的领域。虽然整个过程中遇到了很多困难，而且很辛苦，有时甚至想偷点懒，但是我知道，只要不放弃，就能够找到问题的答案。

专家点评

本研究做了中长期的调查，在北京的各个地铁线路中广泛地走访了各地铁站，收集了各时段的大量站点的相关数据，进行了地铁内 $PM_{2.5}$ 等空气质量指标与不同预设影响因素间相关性的准实验研究。研究立足点比较新颖，虽然在研究的数学工具使用上稍显稚嫩，但基本实验方法较为准确，研究结论清晰，值得后续深入展开。在研究的专业性方向上可询问环境领域的专家及工作者，从而获得指向性更强的建议。

老师的话

在本研究中，穆子雯同学比较系统地经历了查阅文献、研究选题、方案设计、现场测量、结果整理与分析、提炼结论、提出建议的全过程，研究做得比较系统，已经有了科学研究的雏形，小院士评审中的答辩和图板展示环节进一步提升了学生口头表述与临场应变的能力。相信子雯同学在此过程中学到了很多小学课本中还没有涉及的知识，分析解决问题的能力也得到了很好的锻炼。另外，很高兴子雯能利用各种机会宣传自己的研究成果，引发更多人对雾霾的关注。包括参加了西城区科技馆等单位举办的“重现蓝天——蓝天小使者在行动”等公益活动并参与互动；在校内通过演讲宣传雾霾各类防护措施及其有效性；在面向全校师生的展示场上及全区优秀教师代表的教学交流会上做展示汇报；基于自己的研究成果宣传“爱护健康、远离雾霾”的绿色出行理念，交流参加科技活动的心得与体会。

PPT 展示

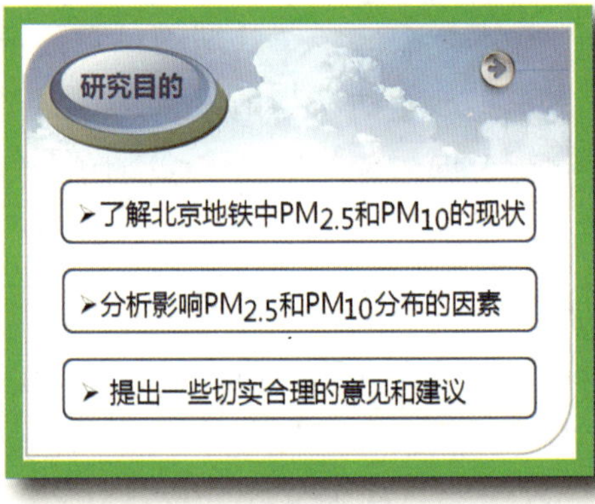

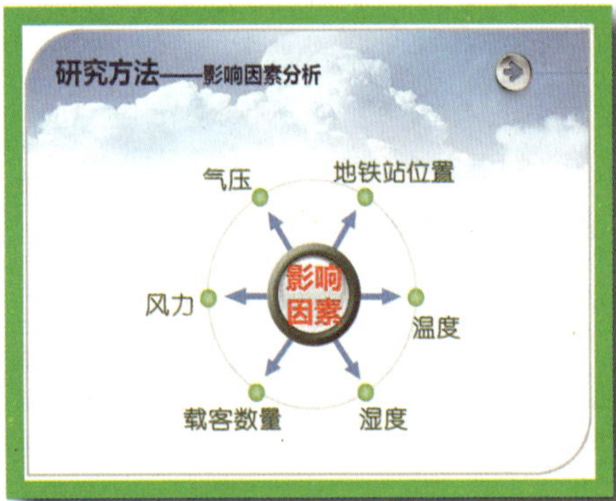

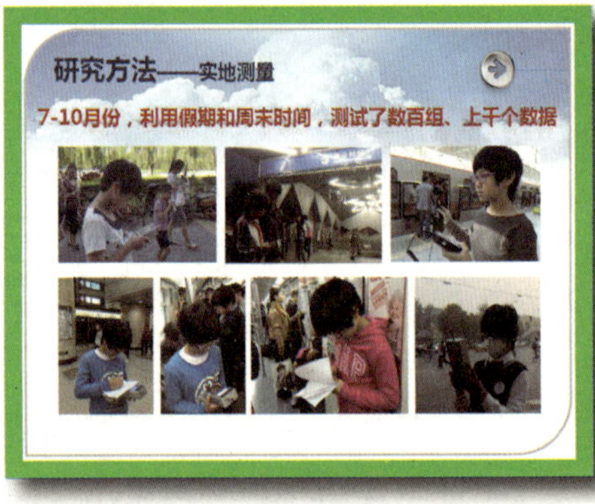

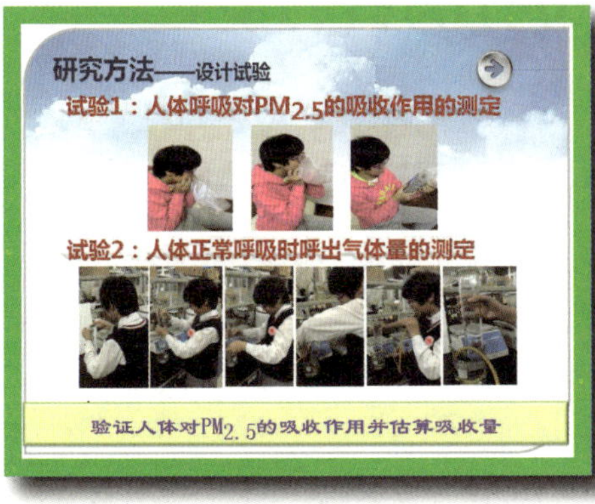
研究方法——设计试验
试验1：人体呼吸对PM2.5的吸收作用的测定
试验2：人体正常呼吸时呼出气体量的测定
验证人体对PM2.5的吸收作用并估算吸收量

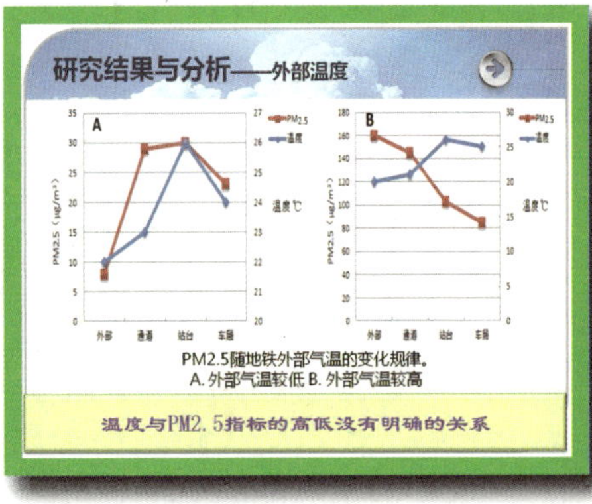
研究结果与分析——外部温度
A
B
PM2.5随地铁外部气温的变化规律。
A. 外部气温较低 B. 外部气温较高
温度与PM2.5指标的高低没有明确的关系

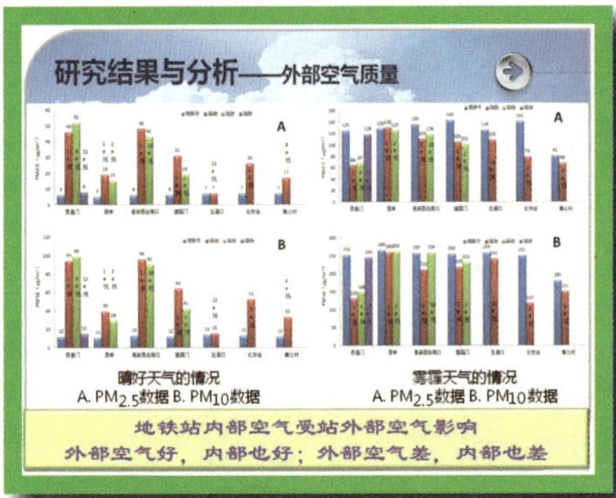
研究结果与分析——外部空气质量
A
B
晴好天气的情况
A. PM2.5数据 B. PM10数据
雾霾天气的情况
A. PM2.5数据 B. PM10数据
地铁站内部空气受站外部空气影响
外部空气好，内部也好；外部空气差，内部也差

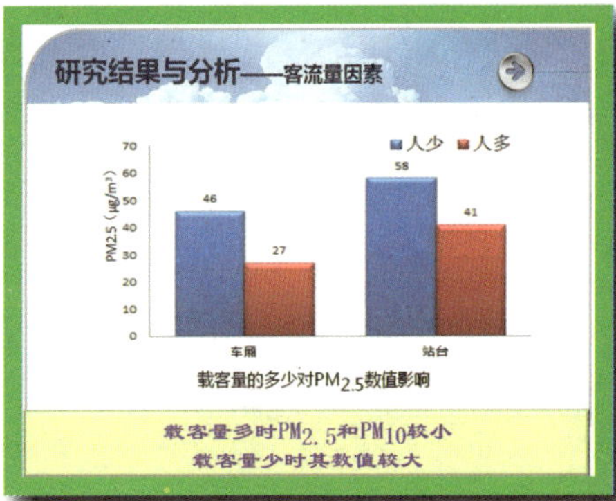
研究结果与分析——客流量因素
人少
人多
PM2.5（μg/m³）
46
27
58
41
车厢
站台
载客量的多少对PM2.5数值影响
载客量多时PM2.5和PM10较小
载客量少时其数值较大

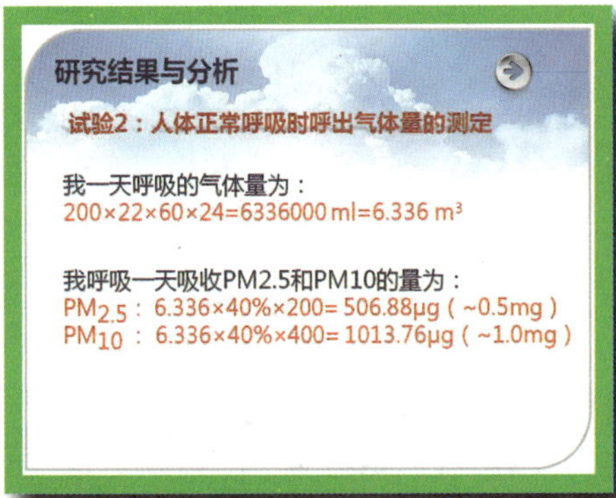
研究结果与分析
试验2：人体正常呼吸时呼出气体量的测定
我一天呼吸的气体量为：
200×22×60×24=6336000 ml=6.336 m³
我呼吸一天吸收PM2.5和PM10的量为：
PM2.5：6.336×40%×200= 506.88μg（~0.5mg）
PM10：6.336×40%×400= 1013.76μg（~1.0mg）

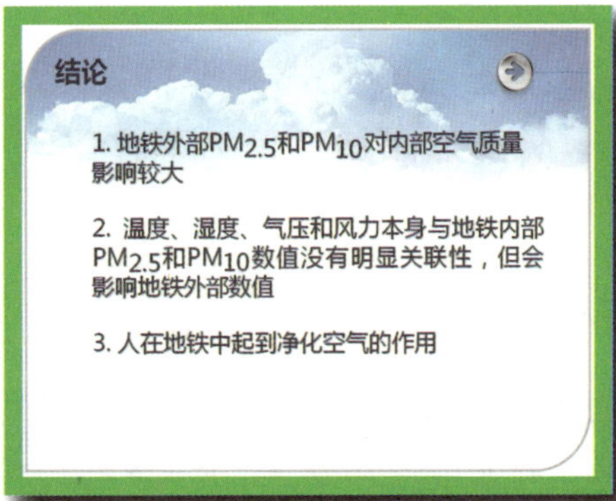
结论
1. 地铁外部PM2.5和PM10对内部空气质量影响较大
2. 温度、湿度、气压和风力本身与地铁内部PM2.5和PM10数值没有明显关联性，但会影响地铁外部数值
3. 人在地铁中起到净化空气的作用

合页式拖把发明成果报告

史珩

一、研究背景

每年的春、秋季都是传染病高发季节，传染病很多是由于环境不卫生引起，如果我们拥有清洁卫生的环境，我们的生活就会有更多的阳光。

传染病传播的途径有很多，被污染的物品和飞沫、尘土是重要的传播媒介，保持环境清洁非常重要。通常我们清理地面，但很少关注踢脚线的卫生。事实上，踢脚线贴近地面，容易沾染污物，却在清理卫生的时候容易被忽视，偶尔想起要清洁它，却没有专门的清洁用具，需要弯腰擦拭，非常不方便，而且效率很低。有没有一种既能正常拖地面，也能拖踢脚线的拖把呢？我查询了资料，没有发现这种产品。

二、研究目的

制作出一款能够擦踢脚线的拖把，实用、高效、操作简便，帮助人们更轻松方便地清理踢脚线，保持环境清洁。

三、研究进展和研究方法

时间	研究活动内容	研究方法
5 月	观察社会，发现问题，网上调查，寻求解决的办法	观察、调查

时间	研究活动内容	研究方法
6 月	问卷调查，数据统计分析，确定研究目标	调查
7 月	查阅相关资料；到市场进行调研，观察各种款式型号的拖把，选定平板式拖把进行改良；设计了固定式 U 形拖把（第一代），随后改进，使用普通合页（第二代），完成了从固定式向翻转式的飞跃，并大致确定了以利用合页为基础的研发方向	调查、观察、设计、制作
8 月	改进第二代（合页升级），采用餐桌用弹簧合页，制作第三代拖把。	观察、设计、制作
9 月	改进第三代（合页升级），采用柜门直角合页，制作第四代拖把	观察、设计、制作
10 月	改进第四代（平板材质升级），选用铝板，为第五代拖把；改定设计，完善图纸，请加工厂做出最终样品；检验；撰写论文	观察、设计、制作、实验检测
10 月中下旬	总结，整理准备申报材料	统计分析

四、工具

纸板、木板、螺丝钉、合页（普通合页、弹簧合页）、家用工具（螺丝刀、剪刀、老虎钳等）。

五、研究过程

（一）问卷调查

我的调查问卷是这样设计的：

卫生调查问卷

1. 年龄__________职业_____________
2. 您了解传染病的种类吗？ A 了解 B 不了解
3. 您知道传染病传播的途径吗？ A 知道 B 不知道
4. 您知道尘土、飞沫等会传播致病细菌吗？ A 知道 B 不知道
5. 您对公共场所的卫生满意吗？ A 满意 B 不满意
6. 您关注过踢脚线的卫生情况吗？ A 关注过 B 没有
7. 您知道踢脚线也会附着致病的细菌和尘土吗？
   A 知道 B 不知道
8. 您认为现在擦踢脚线的方式效果好吗？ A 好 B 不好
9. 您觉得有没有必要使用专门的可擦踢脚线的拖把？
   A 有必要 B 没必要
10. 如果这种拖把价格稍高一些，您会买吗？ A 会 B 不会
11. 您能接受比一般拖把高多少的价格？ A 10 元以下 B 10 ～ 15 元
12. 您对这种拖把有什么期待和建议？

调查问卷一共发放了 50 份，受访者构成如下：

受访者职业构成

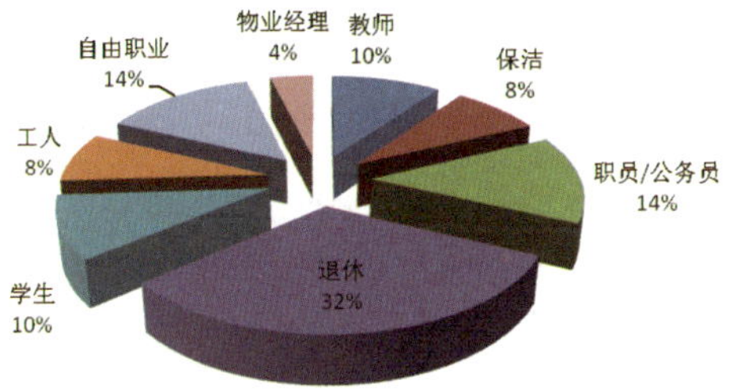

受访者年龄构成

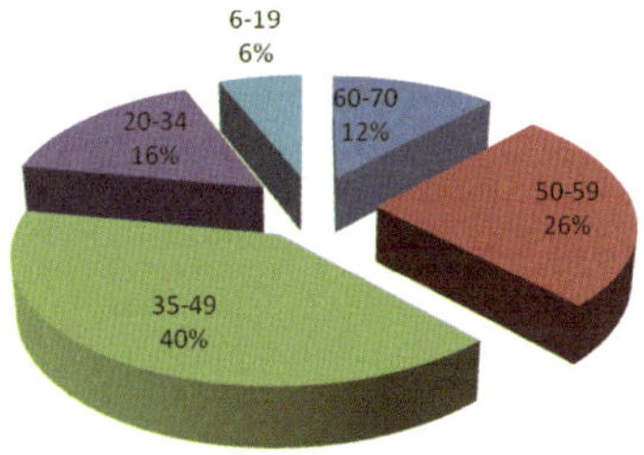

问卷的统计结果如下：

卫生问题调查问卷统计结果

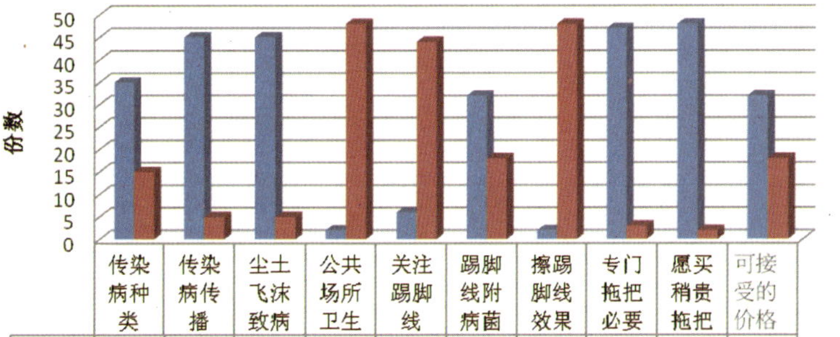

	传染病种类	传染病传播	尘土飞沫致病	公共场所卫生	关注踢脚线	踢脚线附病菌	擦踢脚线效果	专门拖把必要	愿买稍贵拖把	可接受的价格
选项A	35	45	45	2	6	32	2	47	48	32
选项B	15	5	5	48	44	18	48	3	2	18

在建议部分，大家希望能见到一款皮实、实用、便宜、美观的拖把，最好能操作简便。

（二）作品设计制作和改进过程

我在网上做了查询，并去“金五星”等批发市场考察调研。在比较了所有拖把款式和型号后，决定在平板拖把的基础上进行改良。

1. 第一代拖把（固定式）

我最初的设想是固定式，将拖把平板的两端翻起，成“U”形，两翼可以擦踢脚线。但固定式的缺点在于，两翼只能擦踢脚线，不能擦平地。

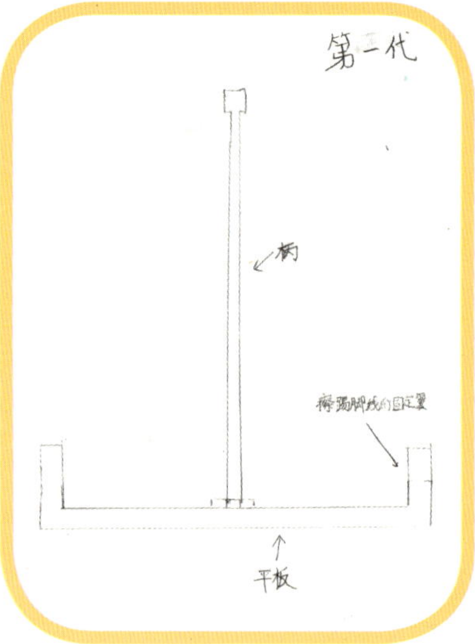

2. 第二代拖把（采用普通合页）

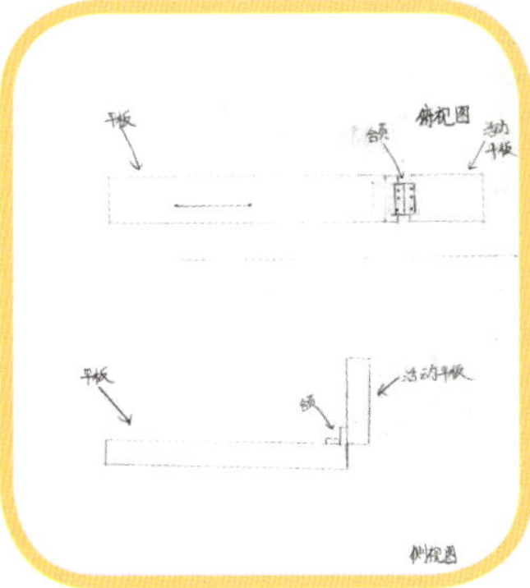

于是我就考虑可调翻转式，把平板的一端，加上同样宽度的一截活动平板，可以翻起，用来擦踢脚线。我想到用合页将平板本体和活动平板连接起来，但是固定却成了问题。

3. 第三代拖把（采用餐桌用弹簧合页）

我们买了一副餐桌翻板合页，安装在我的拖把平板上。这样，活动平板放平的时候，完全能够自行固定，并且我在直角的位置上装了一个角钢，使它在到达直立位置的时候停住。

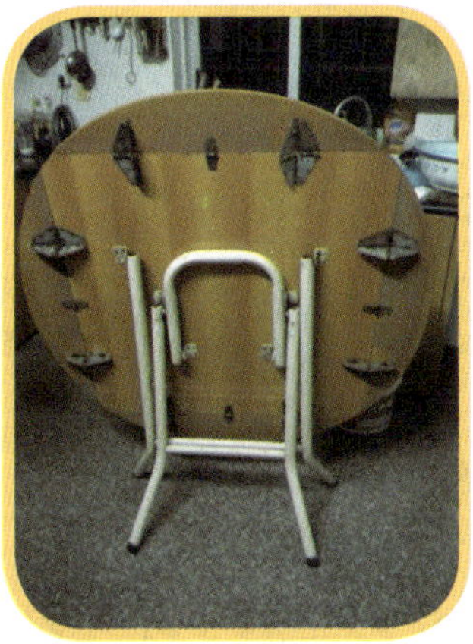

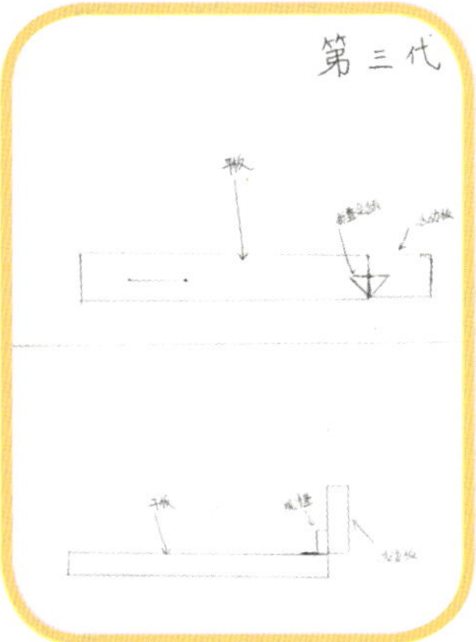

4. 第四代拖把（采用柜门直角合页）

我把角钢的高度降低，并且在它朝向活动平板翻起的一面粘上泡沫垫，减轻震动和噪声，但是效果总不那么好。直到当我打开衣柜时，发现柜门自动在直角的位置停住，干净利落。我立刻就想到把柜门的合页用在我的拖把上。

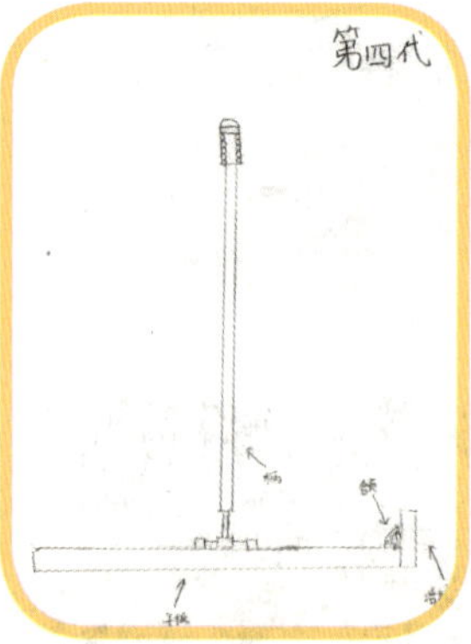

5. 第五代拖把（平板采用铝板）

最终的材料选择了铝板，不易生锈，强度足够，分量又轻，而且价格更便宜些。我把这个要求向厂家说明后，得到了肯定的答复，说技术上是可行的。最后，他们按我的要求制作出了铝板合页式拖把，受到卫生间门后的门碰的启发，在合页折叠顶端又加了一个小巧的防撞橡胶垫，起到缓冲、保护的作用，而且进一步减轻了噪声。

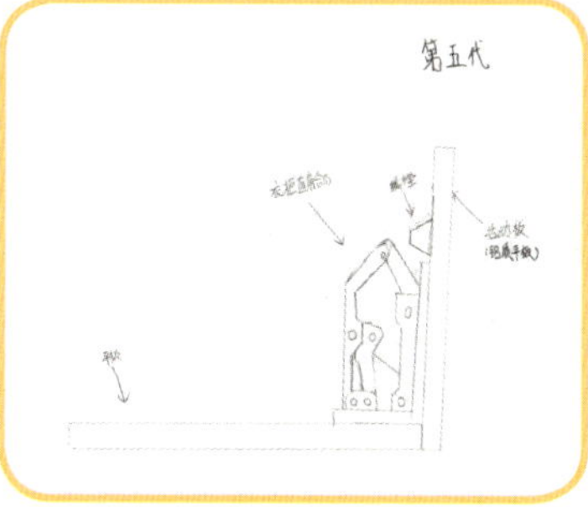

（三）检验

作品定型后，我和家人都进行了试用和检验。

以我家客厅为检验场所，客厅长 8 米、宽 6.4 米，四周是长 28.8 米、高 0.1 米的踢脚线，用普通平板拖把，需要 2 分钟擦完地面，再用 2 分钟用抹布擦完踢脚线；用我的合页式拖把，在 2 分钟的时间内，擦完地面的同时就完成了擦踢脚线的工作。相当于节约了一半的时间，大大提高了清洁的效率。

（四）作品的优点

我认为我作品的优点是：①通用性好，在成熟的平板拖把结构上改进，使用标准的柜门合页，适用现有的平板拖把的可拆洗布套，不用专门设计制作；②操作便捷、卫生，调整拖把只需要用脚，无需动手；③清洁效果好，效率高，轻松；④成本低；

⑤美观。

拥有这些优点，我的拖把满足了问卷调查时大家提出的期待。

六、收获与体会

我的小小发明，从开始调研到作品完成，经历了半年时间。在这期间，我遇到了很多困难和挑战，有些来自外界，有些来自我自己，有苦有乐，让我感到无比高兴的是，最终我克服了所有这些困难。作品不是我唯一的收获，甚至不是最重要的收获。一些变化已经在我身上发生。对未知的好奇，面对困难的态度，解决问题的思路，与人沟通的技能等，这些都将成为我的财富。

小小的发明，长长的感谢名单。要感谢我的辅导老师甄奕，无论是研究方向的确定，关键阶段的点拨，技术上的咨询，还是最后申报材料的准备，他都给了我巨大的帮助；感谢我的爸爸妈妈，没有他们的理解、陪伴和支持，我不可能达成我的目标；还有一路上认识和不认识的人们，在调查、研究和发明过程中，他们赞许的笑容，就给了我鼓励和勇气。

这是我人生的第一次。

专家点评

本装置设计合理，结构简单，操作方便，实用性强，适合于楼道、走廊、楼梯等立面的清扫工作，减轻清洁工作人员的劳动强度，便于推广。

老师的话

史珩发明创造的合页式拖把具有一定的实用性，很大程度上解决了擦拭地面与踢脚线的问题，更多的节约了时间，最终成功申请了专利。史珩在研究的过程中一直在不断的改进，以求更好的在最后的答辩中向大家展示自己的创作。比如在最初的汇报答辩中的 PPT 上缺少一些标题，在之后的改进中，她不但加入了一些关键标题、关键字，更是能显示出层次性，以至于所表述的重点内容足够鲜明突出，很容易让观看者一下子抓住重点。并且在所展示的图片上能够做到尽量不添加文字，展示出重要的图片，进而让 PPT 所展示的内容不会显得过于凌乱。其次，在 PPT 的展示页上，史珩改变了以往文字过多过于集中的问题，减少了大段的文字从论文中直接摘抄到 PPT 中的情况，避免了重点不突出、视觉观看不舒服的问题，而且能够在加入的文字上添加边框，在重点的内容上进行不同颜色的着重显示，以及对页面的排版和文字大小的调整，这都很有效地提升了最终汇报的直观效果。这里需要注意，对于发明创造的作品，需要注重研究过程的关系。史珩能够关注到这一重要内容，在他的论文以及最终的展示中，能够重点表述每一代产品的优缺点以及改进的过程，突出所讲述的内容。她在每一代产品中都表明了这一代作品的优缺点，并且在设计下一代升级产品时，会针对上一代的缺点进行改变和调整，弥补不足之处。但是与此同时新的一代的产品会出现新的问题，这就不断促使她继续改进自己的作品，如此往复，不断升级完善，最终形成了现在的合页式拖把。史珩很注重市场调研，关注成本，通过使用查阅资料、调查问卷、实际操作等科学研究方法，不断改善自己的产品，争取受到更多人群的青睐，最终通过专利检索等方式实现产品的专利申请，这些都是她在实验研究中的优点。对于最后展示中的 PPT 有一点小小的建议，PPT 中有的页面动画过多且没有实现其本身的目的，显得并无太大的意义。比如调查数据分析展示的一页，观众并未看清统计图中的直观数据，动画就已将内容切换。建议使用动画时尽量突出所展示内容的内在联系，比如递进关系或者并列关系。史珩的展示已经非常优秀了，相信这一次的经历会让她收获颇丰！

PPT展示

史珩的
合页式拖把

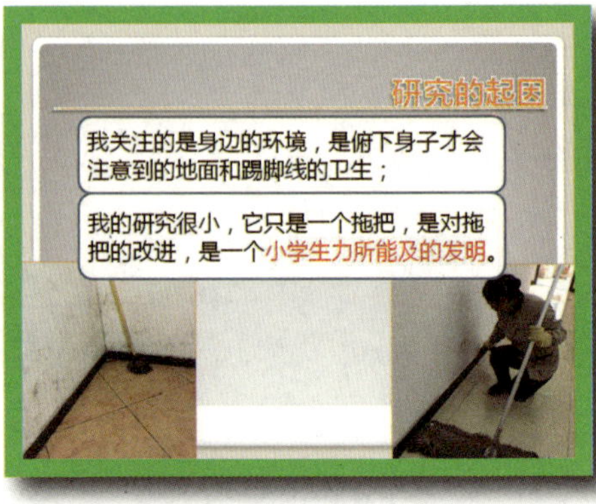
研究的起因
我关注的是身边的环境，是俯下身子才会注意到的地面和踢脚线的卫生；
我的研究很小，它只是一个拖把，是对拖把的改进，是一个小学生力所能及的发明。

研究的方法
• 市场考察
• 问卷调查

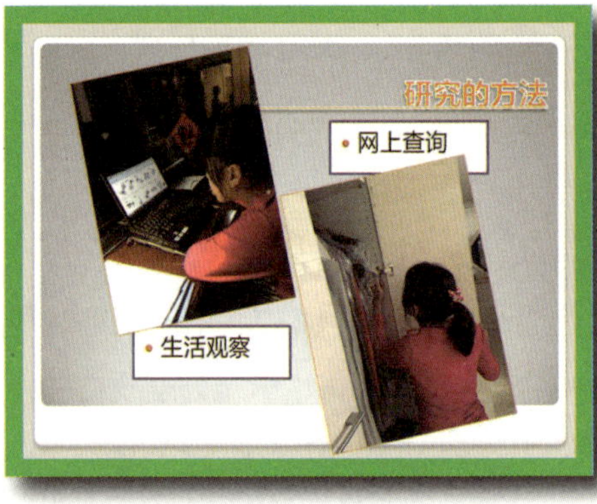
研究的方法
• 网上查询
• 生活观察

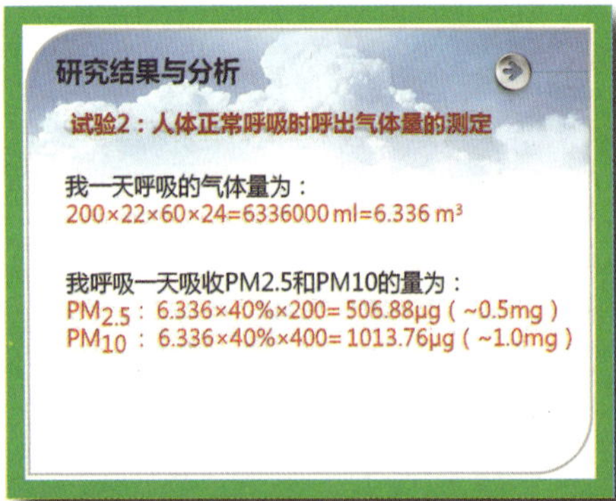
研究结果与分析
试验2：人体正常呼吸时呼出气体量的测定
我一天呼吸的气体量为：
200×22×60×24=6336000 ml=6.336 m^3
我呼吸一天吸收PM2.5和PM10的量为：
$PM_{2.5}$：6.336×40%×200= 506.88μg（~0.5mg）
PM_{10}：6.336×40%×400= 1013.76μg（~1.0mg）

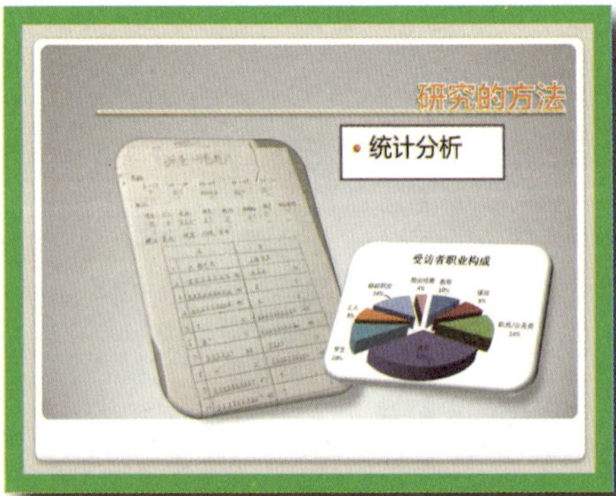
研究的方法
• 统计分析
受访者职业构成

研究工作部分照片

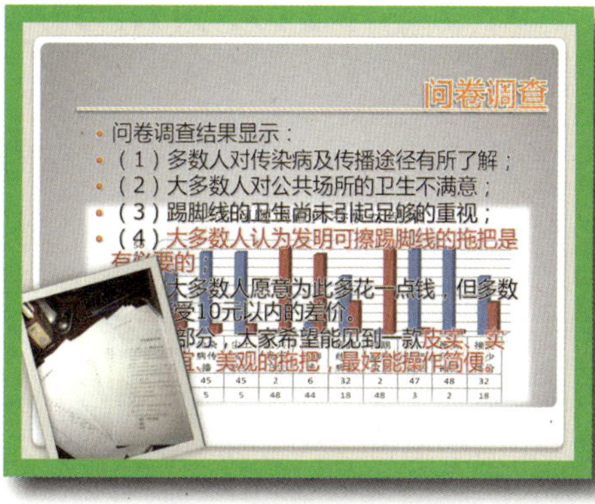
问卷调查
问卷调查结果显示：
（1）多数人对传染病及传播途径有所了解；
（2）大多数人对公共场所的卫生不满意；
（3）踢脚线的卫生尚未引起足够的重视；
（4）大多数人认为发明可擦踢脚线的拖把是
大多数人愿意为此多花一点钱，但多数
受10元以内的差价。
部分，大家希望能见到一款
美观的拖把，最好能操作简便。

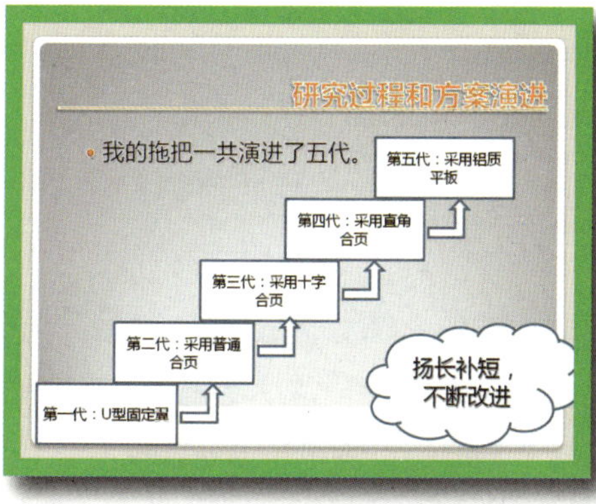
研究过程和方案演进
我的拖把一共演进了五代。
第五代：采用铝质平板
第四代：采用直角合页
第三代：采用十字合页
第二代：采用普通合页
第一代：U型固定翼
扬长补短，不断改进

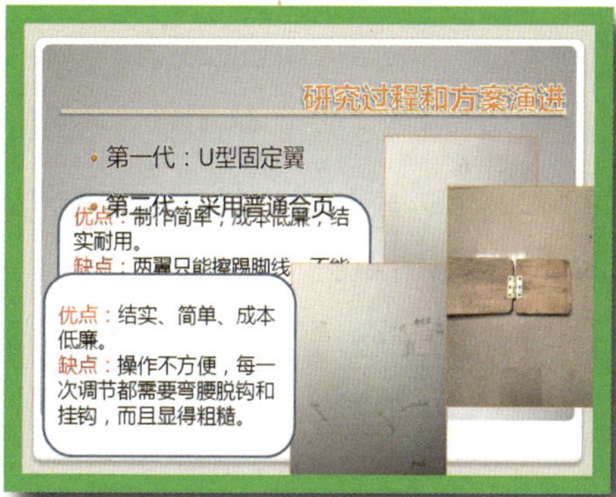
研究过程和方案演进
第一代：U型固定翼
实耐用。
优点：结实、简单、成本低廉。
缺点：操作不方便，每一次调节都需要弯腰脱钩和挂钩，而且显得粗糙。

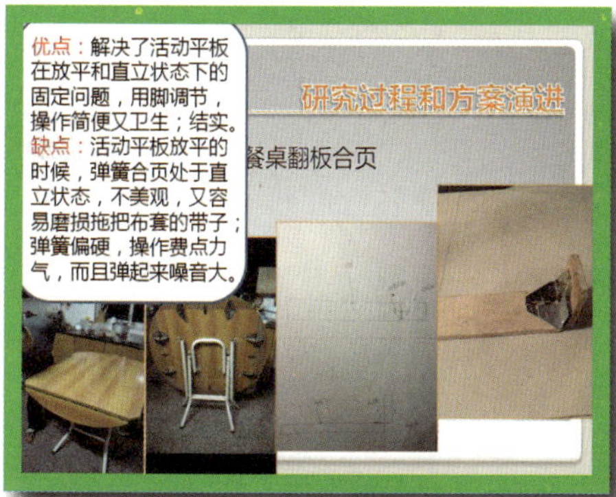
优点：解决了活动平板在放平和直立状态下的固定问题，用脚调节，操作简便又卫生；结实。
缺点：活动平板放平的时候，弹簧合页处于直立状态，不美观，又容易磨损拖把布套的带子；弹簧偏硬，操作费点力气，而且弹起来噪音大。
研究过程和方案演进
餐桌翻板合页

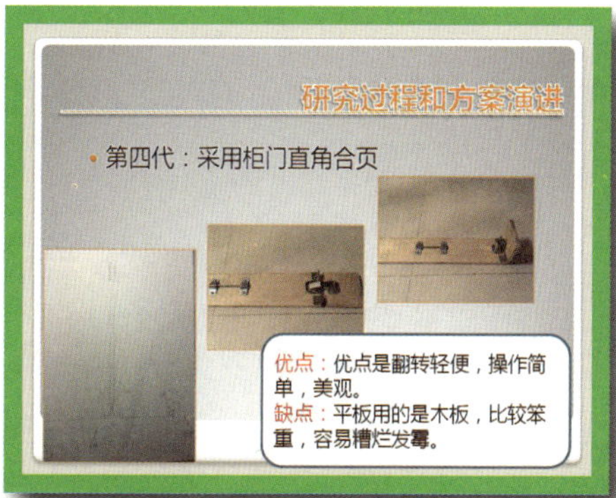
研究过程和方案演进
第四代：采用柜门直角合页
优点：优点是翻转轻便，操作简单，美观。
缺点：平板用的是木板，比较笨重，容易槽烂发霉。

京城硝烟之我见

——《北京市控制吸烟条例》执行情况的调查研究报告

戴天奇

一、研究背景

学校非常重视对禁烟的宣传，从一年级开始就组织我们和家长签订戒烟的“健康承诺书”。在这种教育下，我知道吸烟有害健康，也非常反对吸烟。2015 年 6 月 1 日开始《北京市控制吸烟条例》（以下简称《控烟条例》或“禁烟令”）实施，我特别拥护和支持。

但烟民老爸仍经常在家里吸烟。身边的这些经历使我感觉禁烟令效果好像并不太好，可我在国外旅行过程中却觉得国外的控烟措施力度很大、没人敢违规。为什么在我们这里就这么难推行呢？禁烟令的效果到底如何？

二、研究目的

1. 了解《控烟条例》的内容，并与国外的控烟规定进行比较；

2. 通过调查研究，了解《控烟条例》在北京市实施一段时间后的宣传效果、执行效果，分析现状并提出存在的问题。

三、研究方法及过程

1. 研究计划及方法

表 1　研究计划及方法

时间	地点	内容	方法
6—8 月	家中、书店	查询《控烟条例》及国内外的相关法律规定	查阅资料
		购买相关书籍并查询了解“二手烟”“三手烟”的危害	
		网络查找对控烟的宣传信息、违规处罚等关于条例执行情况的新闻报道	
7—8 月	澳大利亚、日本	了解国外控烟情况	实地考察
9—10 月	选定范围内各公共场所	对重点控烟公共场所实际执行情况进行现场查看；同时走访或暗访烟草销售点	
	科技馆、学校，微信、电话等方式	对控烟持不同态度的典型人群进行个别访谈	咨询访谈
		对法律专家进行访谈	
		通过电话、微信向居住在国外的亲朋进行访谈	
10 月初	微信、QQ、街头随机	通过“问卷网”发放“关于《北京市控制吸烟条例》执行情况的调查问卷”	调查问卷
	班内	通过卫生早读，和同学们进行交流和互动	
10 月中	实验室	通过寻找实验室对吸烟的危害进行专业检测实验，进一步了解“二手烟”“三手烟”的危害	检测实验
10 月末	家里、科技馆	和老师及家长一起对问卷结果进行统计分析，对中外情况进行比较，通过讨论，得出研究结论	比较研究

2. 研究过程

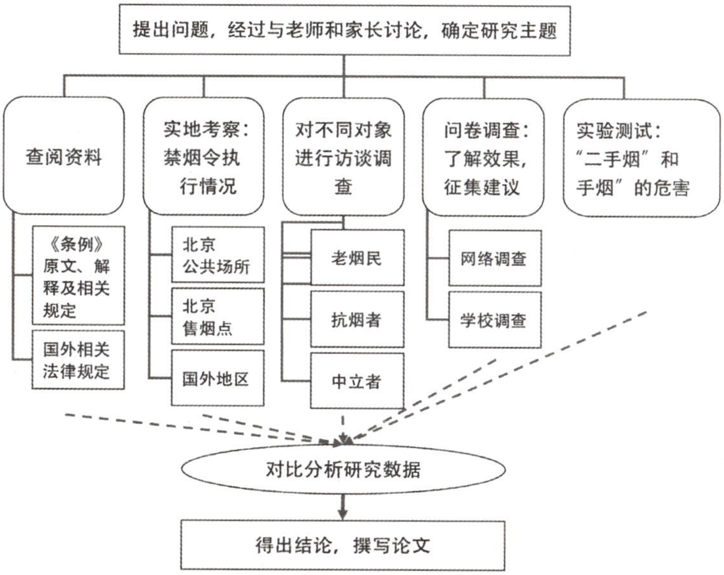

图 1　研究流程

（1）查阅资料

♥ 网络查询《控烟条例》全文和相关解读及国内外的相关法律规定，了解《控烟条例》的具体规定，学习国外成熟控烟经验；

♥ 购买相关书籍，通过网络和文献查询"二手烟""三手烟"的危害、控烟法规的起草过程等资料，加深理解控烟的必要性；

♥ 购买书籍、网络查找对控烟的宣传信息、对违反《控烟条例》的处罚新闻等，了解《控烟条例》实施以来北京市控烟的执行情况。

（2）实地考察

♥ 暑假期间，在澳大利亚和日本了解当地的控烟情况；同时，请妈妈在去加拿大、伊朗、阿联酋等地出差时，帮忙了解当地控烟情况。

♥ 在国庆期间，划定以我家为中心、半径约 5 公里的区域作为现场调查重点走访区。在这一区域内，进行更具针对性的实地考察。

♥ 实际调查学校、公园、医院、单位、餐厅等多种重点控烟公共场所，现场查看禁烟标识的张贴、控烟宣传情况和控烟管理实际执行情况。

♥ 同时走访烟草销售点，了解其分布情况，暗访是否向未成年人售卖烟草。

现场调查走访区域和实地走访主要地点分别见图 2 和图 3：

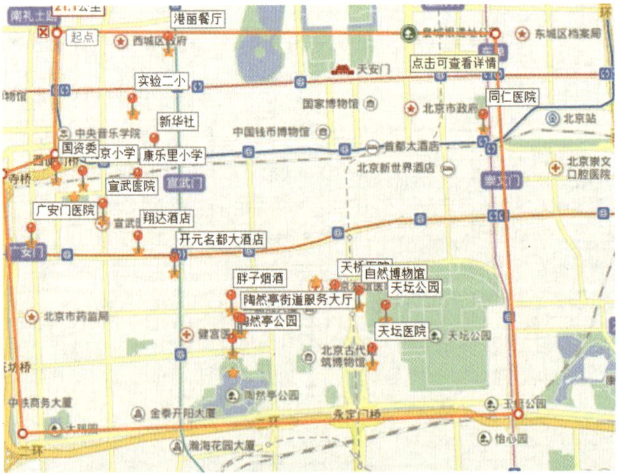

图 2　现场调查走访区域

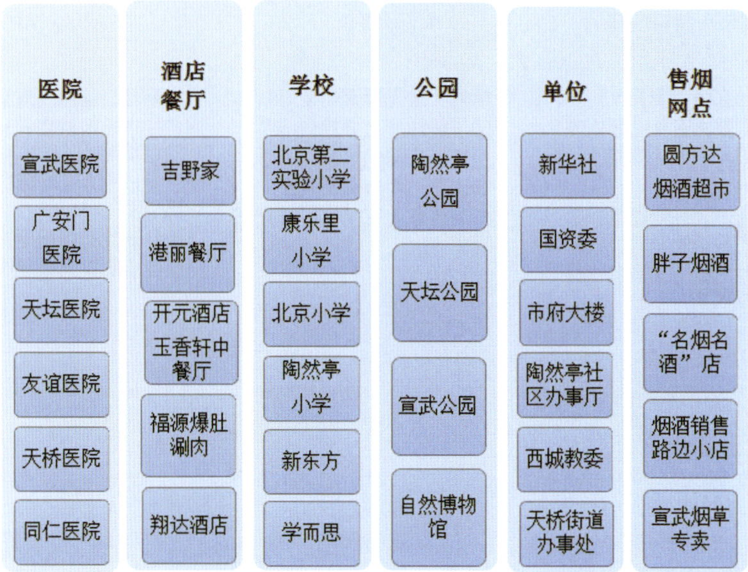

图 3　调查地点

（3）咨询访谈

个别访谈：选择对执行《控烟条例》持“强烈支持”“无所谓”“强烈反对 / 老烟民”的三类典型人群进行了一对一的访谈，主要询问了他们为什么持这种态度等问题（提纲见图 4），了解他们对控烟条例出台后效果的反馈和建议。

♥ 专家访谈：请爸爸帮助咨询北京市法制办公室有关控烟立法起草情况，并就《控烟条例》中存在的不足采访法律方面的专家。

♥ 电话访谈：通过电话、微信，爸爸妈妈帮助我向居住在日本、新加坡、美国、澳门等国家和地区的同学、同事、亲朋了解当地的控烟情况及控烟建议。

强烈支持控烟者

- 您为什么强烈支持？
- 您觉得禁烟有什么好处呢？
- 是否阻止过别人吸烟？
- 是否阻止成功？
- 您投诉过违法吸烟者吗?你会去投诉吗？
- 对于我的研究您有什么意见或建议？

无所谓者

- 您为什么无所谓呢？
- 您了解为什么要控烟吗？
- 您知道吸烟的危害吗？
- 知道有"三手烟"存在吗？
- 您见过有人在禁烟区吸烟吗？

反对者/老烟民

- 您为什么强烈反对？
- 您知道吸烟对自己和他人的危害吗？
- 您见过别人在禁烟区吸烟吗？
- 您会在什么情况下戒烟？
- 您会遵守控烟条例吗？

图 4　个别访谈提纲

（4）问卷调查

♥ "关于《北京市控制吸烟条例》执行情况的调查问卷"，共有 27 个问题，主要涉及禁烟令出台后一段时间的宣传和执行效果、人们对烟草危害的了解、烟民的吸烟习惯以及对控烟的建议等内容。

♥ 在学校早读课上，和同学交流分享对北京禁烟令的态度及烟草危害等问题。

（5）比较研究

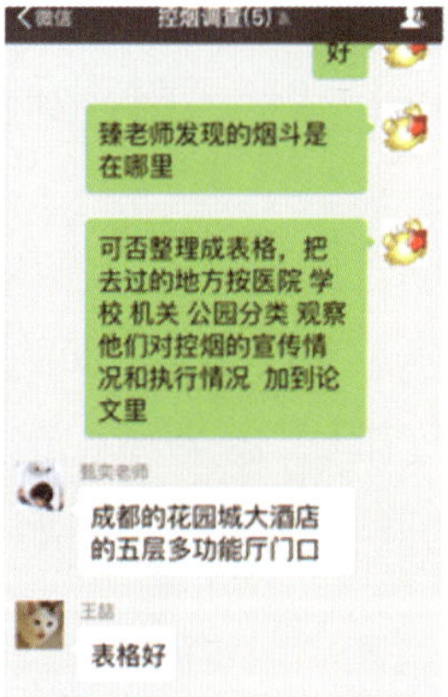

在收集有效问卷的基础上，与老师、爸妈对问卷调查情况进行了多次讨论，比较分析答卷里的各种选择的特点、含义和结论。在中外执行对比方面，

我了解了中外控烟规定后，对制度的时间和规定进行了比较；另外通过国外考察及电话微信采访，对中外控烟实施情况有了了解和比较；对我的建议有一定的借鉴作用。

（6）检测实验

通过问卷调查发现人们对“三手烟”危害普遍认识不清，便决定重点设计一个检测“三手烟”的实验并委托专业检测机构对“三手烟”的有毒物质进行测试。

♥ 实验设想：分别模拟建造两个小型密闭空间，一为正常环境，另一为吸烟环境；观察一段时间后由于烟雾挥散而留着在家具、衣物等物体表面的有毒物质情况——预检测残留物是否含有氢氰酸、丁烷、甲苯、砷、铅、一氧化碳、钋 -210 等成分及其浓度；上述成分的持续时间和挥散情况；沉积在送检材料上的固体量。

已联系到专业的检测研究机构，但限于经费和时间问题，未能完成检测计划。

♥ 近期北京灰霾严重，我将检测实验调整为检测室内吸烟与可吸入颗粒物的影响实验。

实验仪器：Dylos AQM DC1700 激光空气粒子检测仪

检测目的：吸烟前后室内空气中颗粒物的变化情况

测试数据：Particles per cubic foot（颗粒物每立方英尺①），分别检测小颗粒物（0.5 ～ 2.5 微米每立方英尺）和大颗粒物（大于 2.5 微米每立方英尺）的数量。

检测地点：写字楼办公室（约 20 平方米，平时极少吸烟）、老烟民办公室（约 30 平方米，每日吸烟）、封闭卫生间（约 6 平方米，未吸过烟）。

---

① 1 立方英尺 =0.028 316 8 立方米

四、分析讨论

1.《控烟条例》得到大力支持，控烟意识较高

调查问卷中"您支持北京实施严格的禁烟令吗"一题，受访者358人中，"非常支持"的178人，"支持"的155人，回答"无所谓"的15人，"不支持"的仅10人。调查中有41.9%的人说会在实施《控烟条例》后，劝说别人戒烟，还有41.06%的人说可能会劝别人戒烟。这说明支持严格控烟有广泛的群众基础，大多数人都是支持《控烟条例》的。

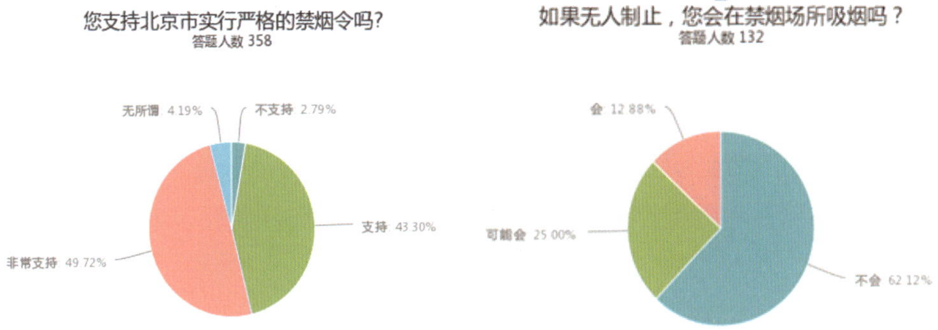

图5　控烟态度调查统计

2. 室内公共场所控烟效果明显，但有一定反弹

这次《控烟条例》实施的力度确实是有史以来最大的。所有的饭馆都在显著位置设立控烟警示标志，在酒店大堂取消吸烟区，包间里取消烟灰缸并增加了禁烟单位的监督义务。首都机场3个航站楼及南苑机场都取消了吸烟室，火车站洗手间的"吸烟室"也得到了清除。此外，《控烟条例》还规定不得在排队时吸烟。可以说，在酒店、商场、机场、车站等人流众多的公众场合，基本做到了"有屋顶的地方不允许吸烟"。实际调查中也看到明显效果。

调查问卷中"您觉得《控烟条例》实施后，达到预期效果了吗"一题，358人中有67%的受访者认为达到了或者有一定的效果。

但也有40.62%的受访者认为并没有达到预期效果，358人中有250人

建议加大处罚力度。另外有 17.49% 的人认为执行一段时间后肯定有反弹，43.05% 的人认为有一定反弹。

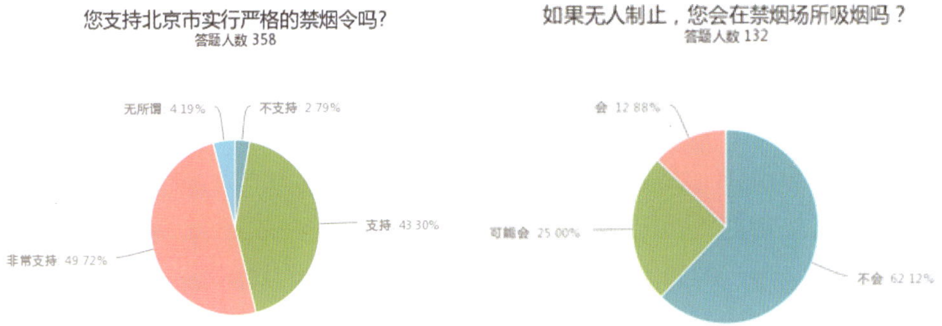

图 6　控烟效果调查统计

3. 烟草销售有一定减少，但经营者守法意识增强

在接受调查问卷的 358 人中有 166 人认为提高烟草售价可以有效控烟，186 人认为控制烟草生产数量可以有效控烟；在访谈中，有人提到了控烟会影响国家的税收；访谈中国外的朋友也说他们国家控烟后增加了戒烟的人；实际考察中，经营者在拒绝向未成年人售烟方面做得非常不错，有的摊主还正在收看法制节目，遵纪守法的意识比较强。但是摊主确实反映烟草的销售有下滑。

4.《控烟条例》对“公共场所”的定义需要进一步明确

在查看《控烟条例》时，我看到第九条规定：“公共场所、工作场所的室内区域以及公共交通工具内禁止吸烟。”但什么是“公共场所”，在《控烟条例》却没有一个明确的定义。在我发布的调查问卷中，关于“餐馆包间”是否能够吸烟，受访者 358 人中有 289 人认为属于“公共场所”，但也有 69 人认为餐馆包间不属于公共场所。可见，餐馆包间还有抽烟的现象，这里的控烟效果较差。

此外，我们学校附近的公共厕所虽然在醒目的位置贴有禁烟标志，但一进厕所就闻到刺鼻的烟味，地上也有不少烟头。

5. 控烟宣传力度不够，学生的控烟知识不足

调查问卷中“您知道《北京市控制吸烟条例》从哪天开始实施的？”，只有 54.75% 的人回答正确；调查问卷中“您知道控烟投诉举报电话吗？”回答正确的人仅有 31.28%。调查问卷中：“您知道违反《北京市控制吸烟条例》，罚多少钱？”该选项受访者 358 人中，回答“个人最多罚 50”有 93 人，回答“单位最多罚 10 万元”有 82 人，说“在禁烟场所吸烟或控烟不力，都不会构成犯罪”的 48 人，都不是正确答案。

所以，控烟宣传，要从孩子抓起。比如，在小学的卫生课本中加入禁止吸烟和宣传吸烟危害的内容，从孩子接受教育开始就渗透吸烟有害健康的内容，使不断成长起来的成年人中变成烟民的比例持续降低，社会上的烟民就不会那么多了，控烟的难度就会下降。

6. 控烟设施需要加强，控烟范围应该扩大

调查问卷中“您通常在什么情况下吸烟”一题，在 132 个吸过烟的人中有 80 人选择的是“酒后”，87 人是和朋友一起，70 人选和同事一起会吸烟。另外思考、情绪不佳、与他人见面的时候会吸，这些大多数是在两人以上的场合或不冷静的时候。在问到“如果无人制止，您会在禁烟场所吸烟吗？”只有 62% 的人回答不会。这些都说明在公共场合吸烟的需求很大，违规吸烟的可能性也很大。

图 7 路边带烟灰缸的垃圾桶

通过实验测试，吸烟对空气中可吸入颗粒物的影响是非常大的，而且在长期吸烟的房间里“三手烟”的危害也是持续的。因此控制吸烟、保护环境、爱护身体健康是非常必要的。但如果只有严格的禁止，没有适当的配合措施，会使《控烟条例》的执行效果变差。如果在医院、体育场等

公共场所设立封闭的吸烟室，在满足排风净化和消防的前提下，保证吸烟被限制在一定范围内。既解决个别烟民的需要，又可以通过净化得到改善，从而实现《控烟条例》所要达到的效果。这样不仅可以减少在公共场合产生“二手烟”甚至“三手烟”的危害，而且也能够保障吸烟者的权利。

五、研究结论与建议

禁烟令自 2015 年 6 月 1 日执行后，在只劝阻未处罚的情况下已有一定效果，但仍旧存在一些问题并带来了诸多改变，主要体现在 6 个方面：

- 《控烟条例》得到大力支持，市民控烟意识较高
- 室内公共场所控烟效果最明显，但有一定反弹
- 烟草销售量减少，但经营者守法意识突出增强
- 《控烟条例》对“公共场所”的定义不够明确有待商议
- 控烟宣传力度远远不够，包括学生在内的各类人群控烟知识不足
- 控烟设施需要加强，控烟范围应该扩大，疏堵结合

专家点评

研究通过网络查阅、实地考察、访谈等多种手段针对现在吸烟人群的吸烟习惯、状况以及控烟的现状、人群满意度做了比较全面的调查，并且通过实验验证了“三手烟"的危害，体现了研究者调查研究动手等综合能力，研究数据较为详实。研究报告层次清晰，但还需将研究结论深入化，将建议再细化，从而使报告更加全面立体均衡。

教师的话

第一版 PPT 看起来比较“简陋”，打好了逻辑基础，就是有了结构端正的骨架，如何填充、整理、美化是后面要做的事。一般这样完成的第一版看起来会比较杂乱（字多）。

第二版修改就主要针对这个问题。一方面，能用图表的地方尽量不使用文字，这样能有效减少字数，使版面看起来清爽很多。同时，相对于文字人们更容易被图表吸引，用图 / 表替代文字也能更好的传递信息。另一方面，PPT 各个版本都自带很多工具，可以帮助实现视觉上的简化，起到美化版面的效果。

最后一版则要关注演示效果，在版式上进一步完善，根据实际需要增加适量的动画效果，突出展示想重点表达的内容。切记动画不可过多，也不要使用过于华丽的动画方式，点到即可。

PPT 展示

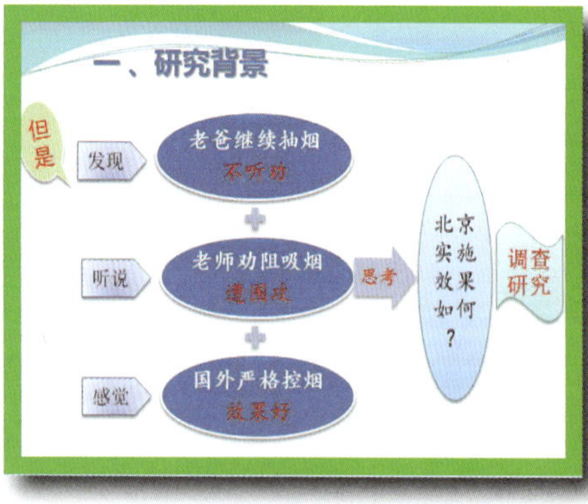

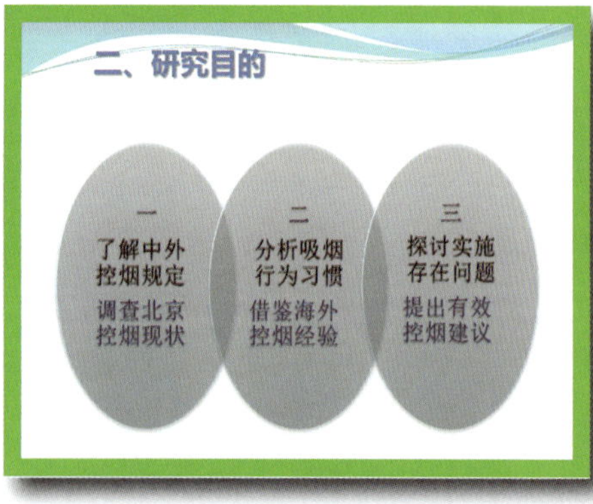

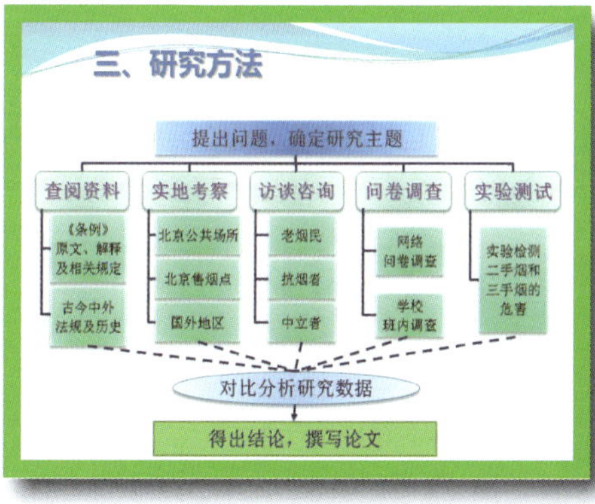
三、研究方法
提出问题，确定研究主题
查阅资料
实地考察
访谈咨询
问卷调查
实验测试
《条例》原文、解释及相关规定
古今中外法规及历史
北京公共场所
北京售烟点
国外地区
老烟民
抗烟者
中立者
网络问卷调查
学校班内调查
实验检测二手烟和三手烟的危害
对比分析研究数据
得出结论，撰写论文

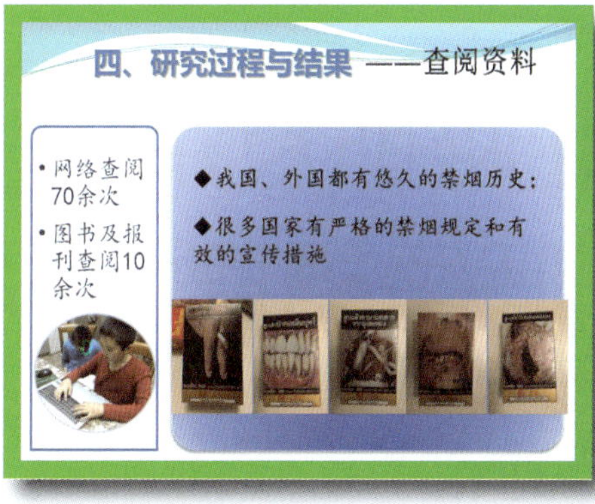
四、研究过程与结果 ——查阅资料
•网络查阅70余次
•图书及报刊查阅10余次
◆我国、外国都有悠久的禁烟历史；
◆很多国家有严格的禁烟规定和有效的宣传措施

四、研究过程与结果 ——实地考察
•国外：
•北京：划出考察区域，走访学校、医院、公园、餐厅等公共场所和烟草销售点30余个
学校—家
长安街—西南二环

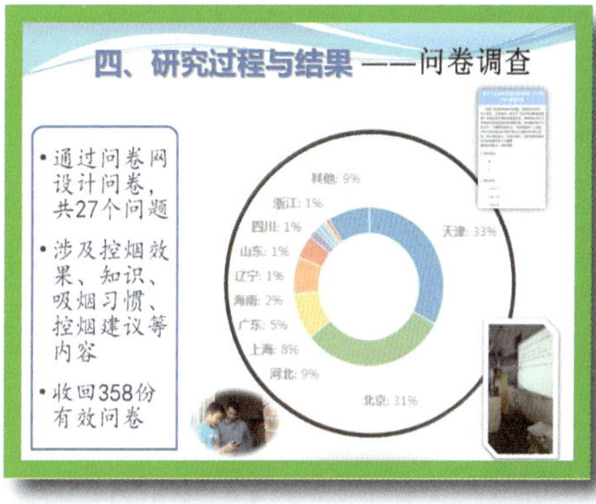
四、研究过程与结果 ——问卷调查
•通过问卷网设计问卷，共27个问题
•涉及控烟效果、知识、吸烟习惯、控烟建议等内容
•收回358份有效问卷
其他：9%
浙江：1%
四川：1%
山东：1%
辽宁：1%
海南：2%
广东：5%
上海：8%
河北：9%
北京：31%
天津：33%

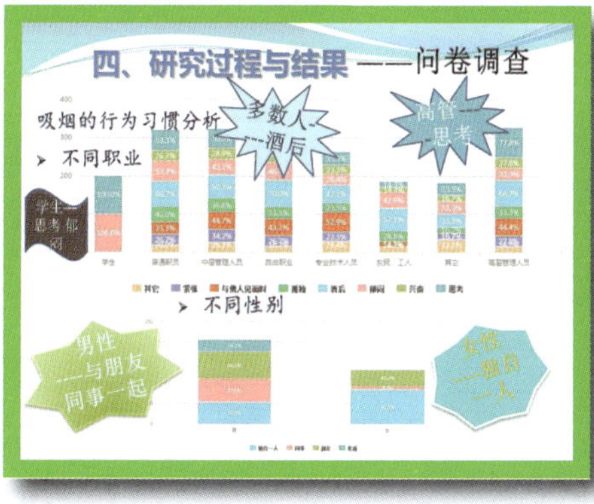
四、研究过程与结果 ——问卷调查
吸烟的行为习惯分析
➤ 不同职业
多数人—酒后
高管—思考
学生—思考 郁闷
➤ 不同性别
男性—与朋友同事一起
女性—独自一人

五、研究结论与建议
法规方面
•1、明确法规中关于“公共场所”的定义；
•2、扩大控烟区域的范围；
•3、限制流动吸烟地点
宣传方面
•1、公众媒体宣传常态化；
•2、控烟教育从娃娃抓起；
•3、禁烟标识要统一增加举报电话，提高震慑和警示作用！
措施方面
•1、疏堵结合，合理布局固定吸烟室（点）；
•2、各场所内均设立封闭吸烟室，并有通风净化设施；
•3、增加烟雾检测设备，加大处罚力度。

北极斯瓦尔巴德群岛被子植物呼气器官与极地环境的关系

刘偌易

一、研究背景

2015年夏，我参加少年极先锋——北极青少年科学考察活动，与一群来自各个中小学的同学们一起来到位于北纬74°—北纬78°的斯瓦尔巴德群岛进行考察和学习。在群岛的首府朗伊尔宾镇的郊区，我发现有约十余种植物。这些植物有的开着奇异的花朵，有的爬在地上形状很奇特，有的又非常眼熟，似曾相识。我询问了带队的植物专家赵琦老师，她曾经对北极的植物做过深入的研究。在赵教授的指导下，我对当地的北极棉、北极发草以及肾叶蓼这三种植物进行了仔细的观察，特别是植物进行光合作用的部位，因为在北极这样寒冷、干燥、夏季短暂的苔原地区，植物顺利进行光合作用是很重要的。并且，植物的表皮细胞结构对北极地区自然环境的适应，使植物能在如此严酷的环境中生存繁衍，是什么造就了植物的这种特殊本领，我想通过自己的研究发现这其中的奥秘。

二、研究目的

首先我想研究三种北极植物光合作用的主要器官——叶子表皮细胞的微观结构特征，特别是植物进行呼吸的器官——气孔的表面特征。其次，我希望了解哪些环境因素对植物的气孔变化产生影响。最后，如果我们掌握植物叶面气孔与环境的关系，对我们筛选适合寒冷、干旱地区的植物是不是有帮助。

三、研究内容

1. 研究方法与过程

表 1 研究方法与过程

方法	时间	地点	研究内容
专家咨询	2015 年 6 月 24 日	北京第二实验小学	了解北极地区的植物与生态环境知识，与专家讨论进行这一研究的内容和过程
专家讲座	2015 年 6 月 24 日	北京第二实验小学	学习关于北极动植物、生态环境、地理地质等方面的基础知识
查阅文献	2015 年 6 月 30 日	国家图书馆	查阅有关北极和植物的文献书籍
开题报告	2015 年 7 月 10 日	中国科学教育促进会	与专家交流，确定研究题目、内容、过程和方法的科学性与可行性； 制定比较细致的现场执行计划； 了解主要实验方法及设备
行前准备	2015 年 7 月 20—24 日	北京体育大学	体能训练； 野外科学考察注意事项； 再次与专家讨论北极现场执行计划细节
实地考察	日 2015 年 7 月 27 日—8 月 11 日	斯瓦尔巴德群岛	北极实地考察与观测； 北极被子植物样品采集与运输
实验室研究	2015 年 9 月 26 日	中科院植物所	将植物样品送交中科院植物所电镜扫描实验室进行观测； 与实验老师讨论实验观测方法
	2015 年 10 月 12 日	中科院植物所	在北京植物园采集禾本科早熟禾属植物，在中科院植物所进行电镜观察
专家咨询	2015 年 10 月 20 日	中科院植物所	就观测结果与专家进行讨论，确定思路
查阅文献	2015 年 9 月 10 日—10 月 23 日	中国科学院图书馆	查阅相关文献和书籍
撰写论文	2015 年 10 月 13—26 日	家	论文写作

2. 研究流程

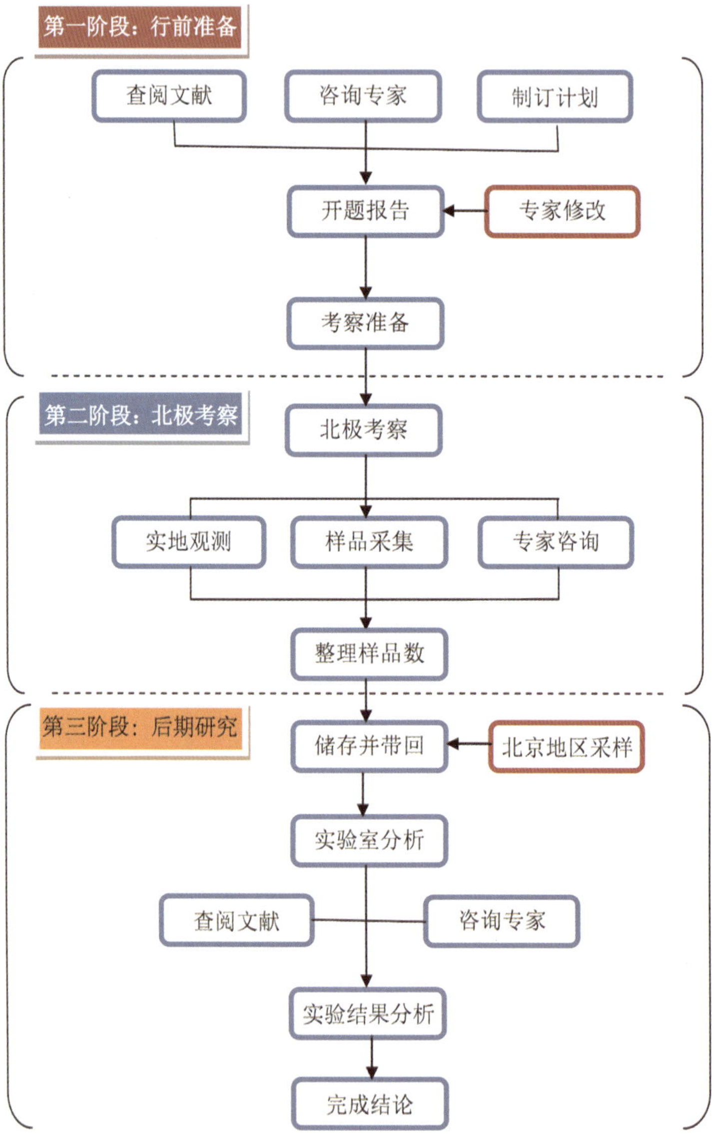

图 1　研究流程

（1）野外样品采集与观测

我在朗伊尔宾镇郊区采集的三种被子植物分别是肾叶蓼、北极发草和北极棉。采集地区分别为冰川融水形成的淡水湖湖畔、废弃矿井附近以及内陆苔原地区，三个地点的采集植物以及位置信息见表 2。

表 2　采样地点说明

标本名称	坐标	图　片		形态特征及生活环境
肾叶蓼	北纬 78° 11'21.41" 东经 15° 52'28.84"	该地点位于朗伊尔宾城郊地区废弃矿井旁的道路一侧，附近有冰川融水形成的小溪，土壤松软，有鸟类和驯鹿在周边活动		蓼科蓼属，一年生、纤细草本；叶小，具柄，长椭圆形至倒卵形；花小，瘦果。典型高山草甸植物，耐寒性强，在生长季节内，对温度较为敏感
北极发草	北纬 78° 13'9.01" 东经 15° 41'26.80"	该地点位于朗伊尔宾城东部淡水湖附近，与淡水湖相隔一条城郊道路，属“U”形谷中间的冲积平原。		禾本科早熟禾属，多年生草本植物，密丛型草本。秆直立或斜升，高 10 ～ 30cm，常具 2 节。生于高山坡地草甸、沟旁石缝、沙地，海拔 2400 ～ 3800 m
北极棉	北纬 78° 13'5.05" 东经 16° 39'10.92"	该地点位于朗伊尔宾城东部的内陆苔原地区，周围有较多植物生长		植株直立，5 ～ 20cm 高，直立的茎秆顶端结实，果实种子外面密密地长满了白色 2cm 长绒毛，通常与苔藓形成的“草甸”混生在一起，大多沿水边生长
草地早熟禾	北纬 39° 59'21.74" 东经 116° 12'27.36"	中科院植物所植物园		禾本科早熟禾属，秆疏丛生，直立，高 50 ～ 90cm，具 2 ～ 4 节。叶鞘平滑或糙涩，长于其节间，并较其叶片为长，生于湿润草甸、沙地、草坡

（2）电子扫描显微镜观察

我将采集到的肾叶蓼、北极棉、北极发草和草地早熟禾送交中国科学院植物研究所电镜实验室，在老师帮助下利用扫描电子显微镜对四种植物的叶片表皮细胞结构进行了观察。

1）北极发草与草地早熟禾叶面两侧气孔观察结果

表 3　北极发草与草地早熟禾叶面两侧气孔比较

名称	植物电镜图
北极发草叶面（阴面）	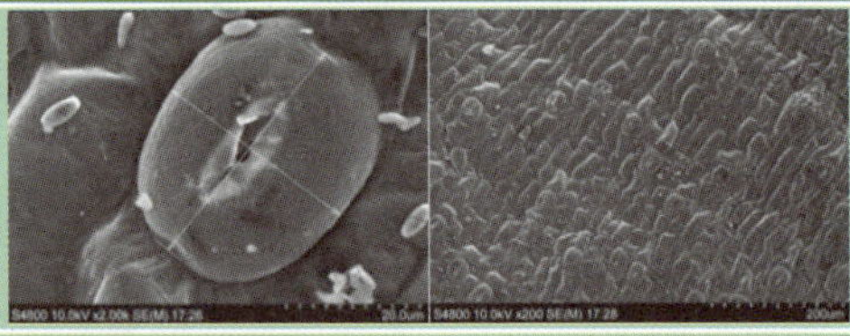
北极发草叶面（阳面）	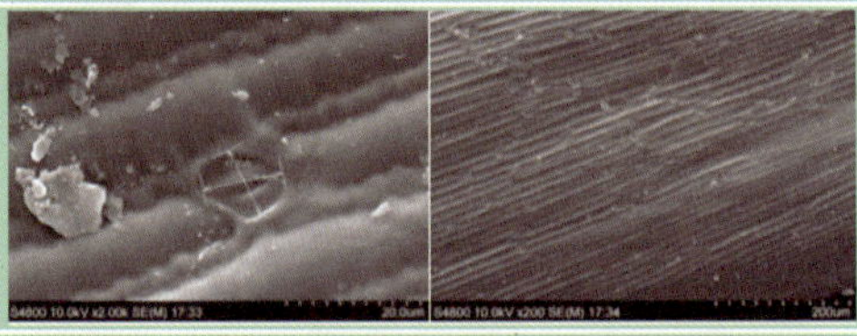
草地早熟禾叶面（阴面）	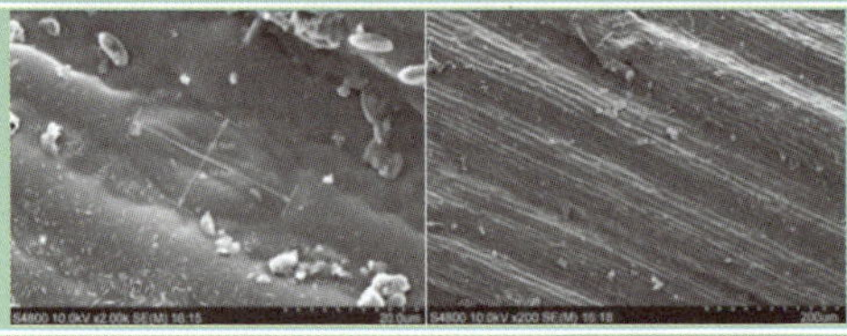
草地早熟禾叶面（阳面）	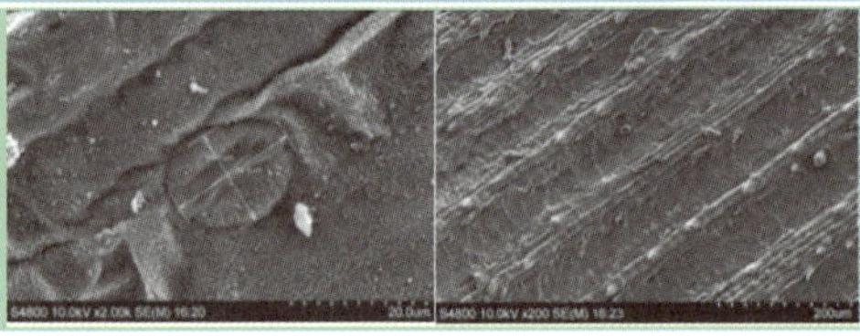

2）北极发草与草地早熟禾气孔面积测量

通过观察看到，北极发草叶面阴面的气孔面积更大（长轴 37.7 μm，短轴 31.3 μm），气孔细胞壁更厚，比叶面表皮细胞更加突出。而阳面的气孔面积较小（长轴 12.2 μm，短轴 10.9 μm），细胞壁较薄，并且比叶面表皮细胞低（呈凹陷状）。

而在北京采集的草地早熟禾，其叶片阴面的气孔面积（长轴 26.5 μm，短轴 14.8 μm）较叶面阳面气孔面积（长轴 17.9 μm，短轴 10.5 μm）稍大。但无论叶面阳面还是阴面的气孔，其面积均小于北极发草的气孔。并且，草地早熟禾气孔细胞壁也较北极发草细胞壁薄，这说明北极发草细胞壁厚可能与气候寒冷有关。

表 4　北极发草与草地早熟禾气孔长度与面积对比

	叶面气孔微观结构图	长轴 / μm	短轴 / μm	面积 / μm^2
北极发草阳面	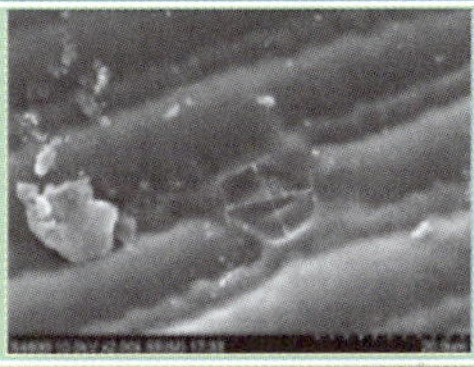	12.2	10.9	104.44
北极发草阴面	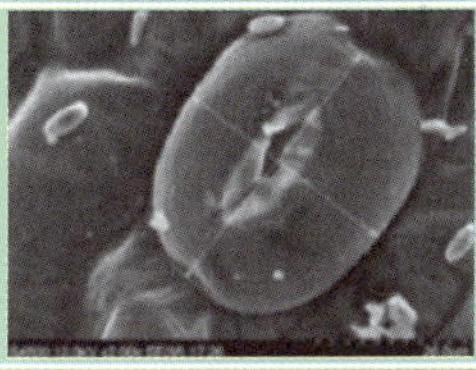	37.7	31.3	926.78
草地早熟禾阳面	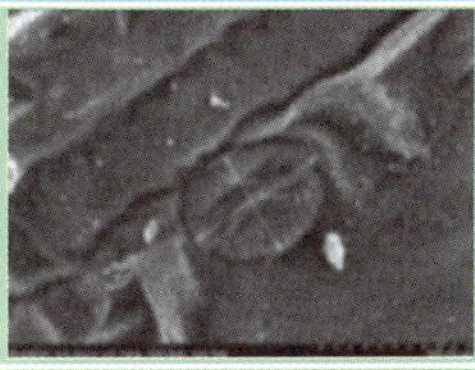	19.1	14.5	222.07
草地早熟禾阴面		26.5	14.8	308.03

3）北极发草与草地早熟禾气孔数量及面积对比

我对同样 200 倍放大倍数下的北极发草和草地早熟禾叶子阴、阳两面的气孔数量进行了计数，发现在单位面积下（600 μm× 423 μm）北极发草叶面阳面气孔数量为 34 个，阴面气孔数量为 25 个，而草地早熟禾叶面阳面气孔数量为 20 个，阴面气孔数量为 45 个。因此，我计算出单位面积下的气孔面积总和。

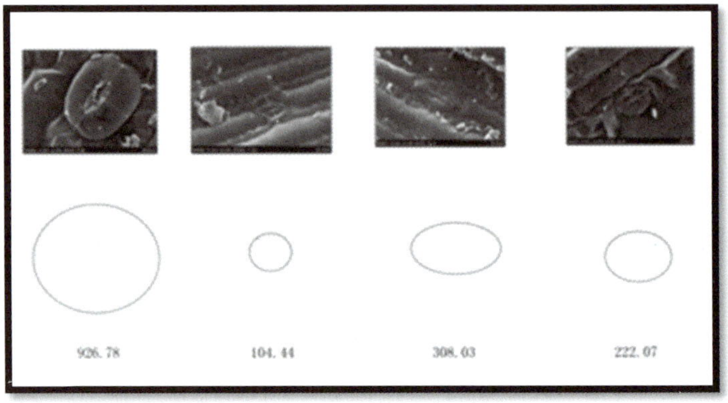

表 5　北极发草与草地早熟禾气孔数量及面积对比

类型	气孔数量	单个气孔面积 / μm²	气孔总面积 / μm²	观测面积 / μm²	气孔面积 / 叶面面积
北极发草叶面阳面	34	104.44	3550.96	253800	1.40%
北极发草叶面阴面	25	926.78	23169.5	253800	9.13%
草地早熟禾叶面阳面	45	222.07	9993.15	253800	3.94%
草地早熟禾叶面阴面	20	308.03	6160.6	253800	2.43%

四、分析与结论

1. 北极植物气孔与环境的关系

根据淀粉——糖转化学说，植物气孔的开放和闭合机理如下：

（1）气孔开放

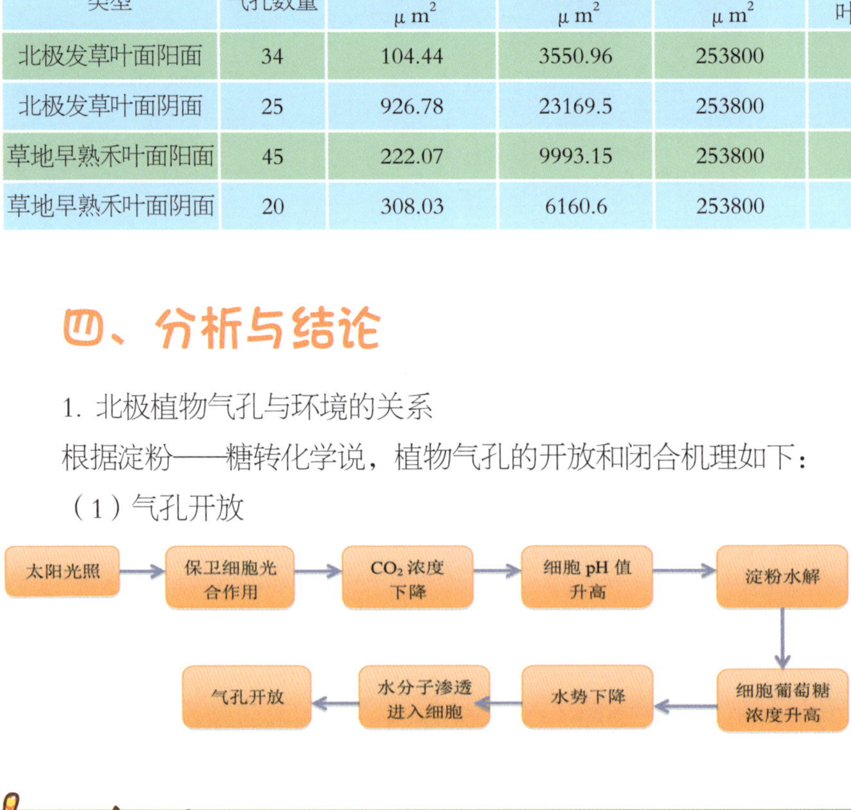

（2）气孔闭合

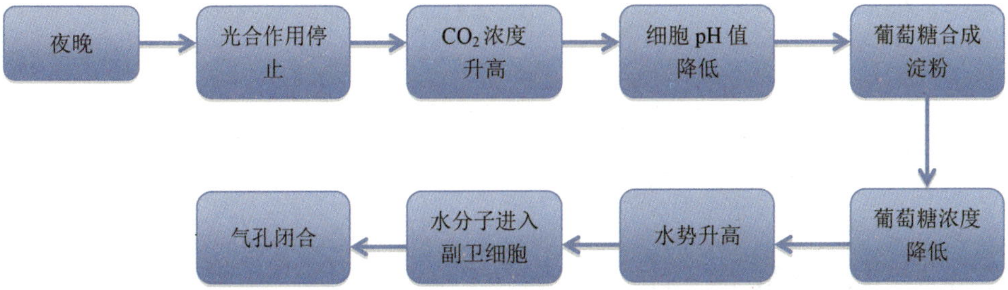

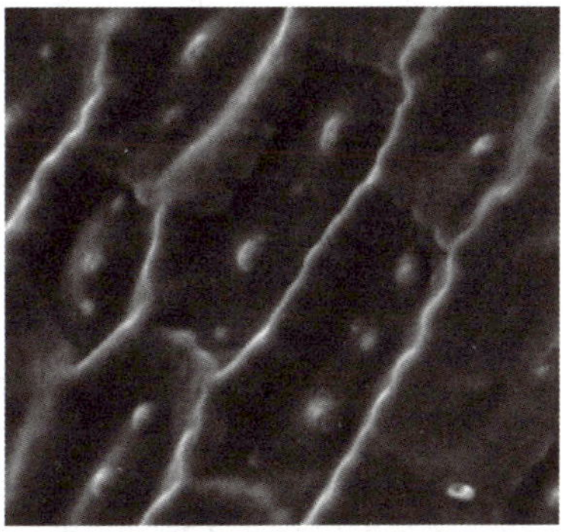

北极地区夏季光照充分，极昼现象使植物 24 小时都可获得阳光照射。根据环境因子对北极植物叶绿体结构的影响，北极植物分别在上午和下午各有一个光合作用的高峰期，而大陆温带气候植物一天只有一个光合作用高峰期。这意味着北极植物在短暂的夏季生长速度将比温带气候植物快很多。

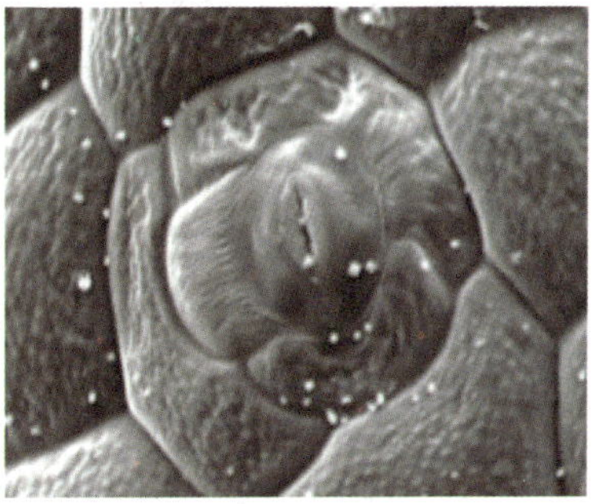

通过扫描电镜对肾叶蓼、北极棉、北极发草三种北极植物叶面气孔的分布规律和形态特征进行观察发现：

（1）肾叶蓼

肾叶蓼是双子叶植物，气孔主要分布在叶面的反面，气孔呈花环状，保卫细胞周边有若干个副卫细胞包围，属胞环型气孔。

在北极夏季的极昼天气里，肾叶蓼的气孔分布于叶面阴面，防止了阳光的长时间照射，避免了长期开放造成叶面的灼伤（失水过多），因而气孔比较大也比较长。

（2）北极棉

北极棉同样是双子叶植物，北极棉的絮状绒毛上没有明显气孔，而绒毛

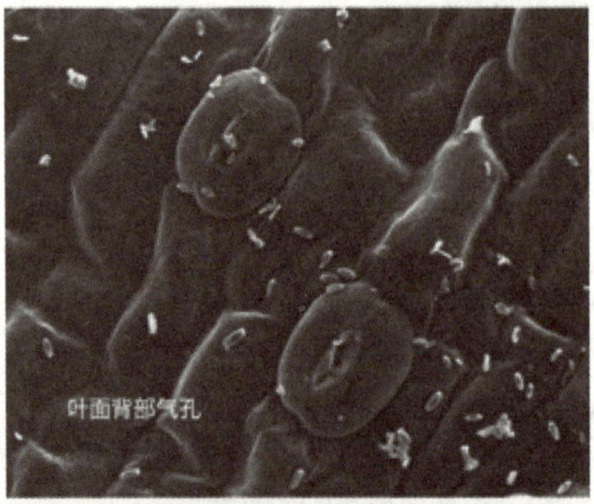

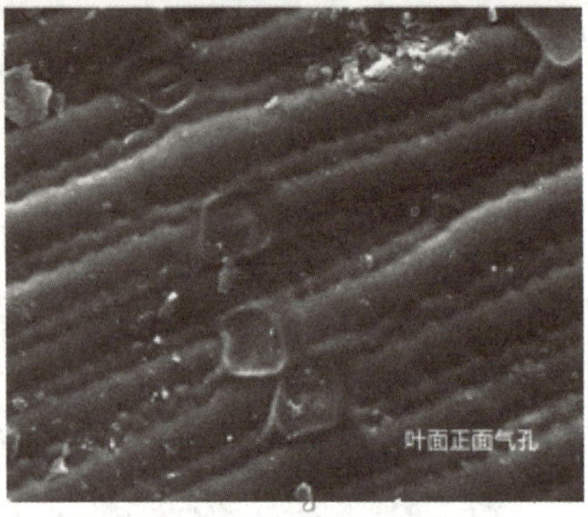

根部的毛囊外表却分布有密集的气孔。这些气孔有规则地排列在凹陷的毛囊沟壑里，每个沟壑中有2～4个气孔。气孔保卫细胞突出于周围的表皮细胞。

北极棉气孔的分布特征推测是因为北极棉的絮状绒毛呈维管束状，没有叶绿素，不能进行光合作用，而光合作用主要发生在毛囊上。而气孔小而密集，可能是北极棉的茎秆比较高，这有利于种子的传播和扩散，但因为会经常遇到大风，在强风的作用下，大的气孔容易失去水分，使植物枯死。而小而密集的气孔，一方面可以进行呼吸，另一方面容易控制开放和闭合，在恶劣天气下保护体内水分的正常运转。

（3）北极发草

北极发草是禾本科单子叶植物，气孔呈哑铃型，分布没有明显的规律。北极发草的气孔在叶面阳面和阴面都有分布。

在叶面阴面，气孔呈凸起状，外面有一层包被，里面也有一层包被。哑铃型的保卫细胞非常清晰，当气孔张开时面积很大，呼吸效率很高，而内侧的包被同时可以有效阻挡水分的过度散失，可以控制水分的保有量。

叶面正面有陇状的条纹，气孔分布在陇纹上，保卫细胞凹陷于周围的表皮细胞（副卫细胞）。

北极发草叶面阳面的气孔凹陷，面积小（104μm^2），阴面气孔凸起，面积大（926μm^2），这与北极的寒冷天气和极昼季节全天的太阳光照有关。叶面阴面和阳面都有气孔，当阳光照射到叶子上，无论是阳面还是阴面，都可以产生光合作用，生产能量，气孔打开。而阳面的气孔凹陷并且较小，也是防止叶面阳面温度过高，而干燥的空气过快地将水分从叶面内带走，同时在强风时凹陷的形状可以降低气孔表面的风速，保障较高的湿度，避免水分流失过多。

综上分析，我得出北极植物叶面的气孔生长与当地气候环境有很大关系。北极发草和肾叶蓼的叶面阳面的气孔较小，呈凹陷状，这是为了在夏季的北极极昼环境中，叶面阳面避免阳光长时间照射造成叶面灼伤，同时在遇到大风时可以降低气孔表面的风速，减少体内水分的流失。而叶面阴面气孔比较大，呈凸起状，可以保证较高的呼吸效率，不需要担心阳光长时间照射造成水分流失较大。北极棉的绒毛上没有气孔，毛囊表面有很小很密集的气孔，一方面可以保证有较高的呼吸效率，保证充分的光合作用，另一方面可以防止风速和阳光长时间照射使水分快速流失。

2. 同种植物北极寒带气候植物与大陆温带气候植物气孔差异

对比同为禾本科的北极发草和草地早熟禾，我有了更多有趣的发现。

首先，无论是北极发草还是草地早熟禾，它们叶面的阳面气孔都是数量多而每个气孔面积比较小，而背面的气孔数量少而每个气孔面积比较大。

但是，北极发草叶面阳面的气孔面积与叶面积的比值（1.40%）却比阴面气孔面积与叶面积的比值（9.13%）小得多。而草地早熟禾叶面阳面的气孔面积与叶面积的比值（3.94%）却比阴面气孔面积与叶面积的比值（2.43%）大一些。

表 6　北极发草与草地早熟禾气孔面积与叶面积比值

类型	气孔总面积 / μm^2	观测面积 / μm^2	气孔面积 / 叶面面积
北极发草叶面正面	3550.96	253800	1.40%
北极发草叶面背面	23169.5	253800	9.13%
草地早熟禾叶面正面	9993.15	253800	3.94%
草地早熟禾叶面背面	6160.6	253800	2.43%

我对这个矛盾而有趣的结果产生了很多疑惑。难道同一类植物在不同的环境下叶面阳面与阴面气孔的面积比值是不一样的吗？是什么原因造成这种不同？

原来造成这种差异的原因还是来自于植物生长的环境。在北极的夏季，由于气温低、夏季光照照时间长、风速大，因而植物叶片阳面的气孔小而密集，这是既为保证呼吸的效率，又防止叶面的水分通过气孔过快地散失。而阴面的气孔大而稀疏，是因为没有强烈的的光照，叶面表面的风速又较小，植物可以放心地打开气孔呼吸，不用担心体内的水分散失太快。而且阴面的气孔面积很大，呼吸的效率比叶面正面要大得多。

而在大陆温带气候下，虽然叶面阳面的光照时间长、风速也相对背面大，但是气温较高，空气湿度也较大，阳面气孔不用担心叶面水分散失的太大，所以气孔总面积大，甚至比阴面的气孔面积还大，这样才能更好地在光照时间内进行光合作用，为植物提供能量。

五、研究结论

通过上面的研究，我得到了以下结论：

1. 三种常见的北极植物肾叶蓼、北极棉和北极发草，它们都有为光合作用提供呼吸功能的气孔，肾叶蓼和北极发草的叶面阳面的气孔比较小，呈凹陷状，而阴面的气孔较大，呈凸起状。北极棉的气孔集中在毛囊上，小而密集。这些植物的气孔特征与北极地区的特殊气候环境有直接的关系。

2. 通过对比同为禾本科的北极发草和草地早熟禾的叶面气孔特征、数量和面积，发现它们叶面的阳面气孔都是数量多而每个气孔面积比较小，而阴面的气孔数量少而每个气孔面积比较大。但是，北极发草叶面阳面的气孔面积与叶面积的比值却比阴面气孔面积与叶面积的比值小，而草地早熟禾则正好相反。造成这个差异的原因是由于两种植物的生长环境不同，一个是极地苔原气候，一个是大陆温带气候，是气候条件的差异造成两种叶面两面气孔面积的不同。

3. 在发现上述规律的基础上，我提出在选择适合寒冷、干旱、强风和光照时间长的地区生长的植物种类时，可以先观察这种植物叶面的气孔特征、叶面两面的气孔数量和面积，符合上述规律的植物就有条件在这种环境下生长。

六、体会

在这次科考中，有许多许多知识是我没学过的，有许多现象是我没见过的，很多种植物甚至都没有听说过。考察的过程中我收获了很多，学习到了很多。

在这种非常宝贵的科考当中，我们一定要学会认真学习这些知识。在一个方面去展开其他方面的思想。也要仔细观察，那样就能发现更多大自然的奥秘了，这样我们能够更好认识大自然，就像高山早熟禾，我们都认为它长得很像小麦，可有一个同学却说它长得和小麦有很大的区别。

我认为只要认真去发现、去观察，我们就能发现科学的伟大、科学的无处不在！

专家点评

作者参加北极青少年科学考察活动发现并进行研究的问题，从植物的呼吸器官——气孔入手开展研究，采集北极植物样本，借助专业的仪器进行细致观察并得出结论。科学探究过程完整，展示清晰可信，科学素养得到提升。看得出科学考察带给青少年的成长。

老师的话

一、文章排版有序，重点突出，结构清晰。

本篇文章的汇报 PPT 在排版上起初以绿底黑字作为背景，每页字数过于繁冗、不够精简，使得文字重点不突出、汇报形式过于单调，不抓人眼球。但经过指导后，小作者做了认真的调整与布局，使得 PPT 中文字字号恰到好处地铺满每一页，适当的在文字下面加上背景颜色。如：小作者在 PPT 中以蓝色背景、黄色或红色字体突出了重点，每一页都既充分表达出了内容的重点，又合理地安排了排版结构，让人读起来赏心悦目。

对于此篇研究文章而言，不得不提的是小作者书写的时候对于文章结构足够清晰。如：将研究背景、研究目的、研究内容、研究过程与结果、分析与结论条理清晰的列举，同时研究目的定位准确，带着目的有针对性地应用野外样品采集与观测、植物物种鉴定、电子扫描有针对性地观察这样方法由浅入深的进行研究。同时，在专家的带领下，小作者还应用精确的科学仪器做了比较规范的实验，突出了研究过程的严谨性，充分体现了小作者科学研究的严谨态度。更可贵的是，本篇研究虽然是关于北极极地植物的研究，但小作者还可以在研究得出结论后，为科学家们提出了极地种植的建议，充分说明了小作者的用心。

二、内容指导后达到全面，研究前查阅资料信息不完善。

此篇文章起初在内容上小有遗憾的是，正文中的确有关于研究前查阅关于北极极地植物的资料记录如咨询专家了解北极地区植物与生态环境知识，与专家讨论进行这一研究的内容和过程；以及听关于北极动植物、生态环境、地理地质等方面的基础知识讲座，这样的研究背景能反映出研究前的考虑问题的思路，但作者没有反映在 PPT 中，如果补充上去就非常完美了。

PPT 展示

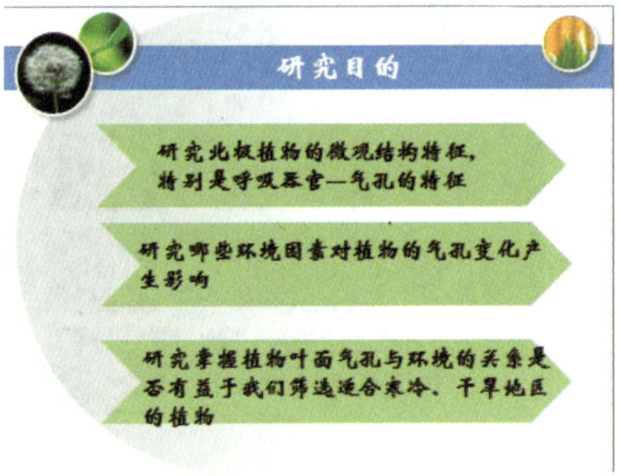
研究目的
研究北极植物的微观结构特征，特别是呼吸器官—气孔的特征
研究哪些环境因素对植物的气孔变化产生影响
研究掌握植物叶面气孔与环境的关系是否有益于我们筛选适合寒冷、干旱地区的植物

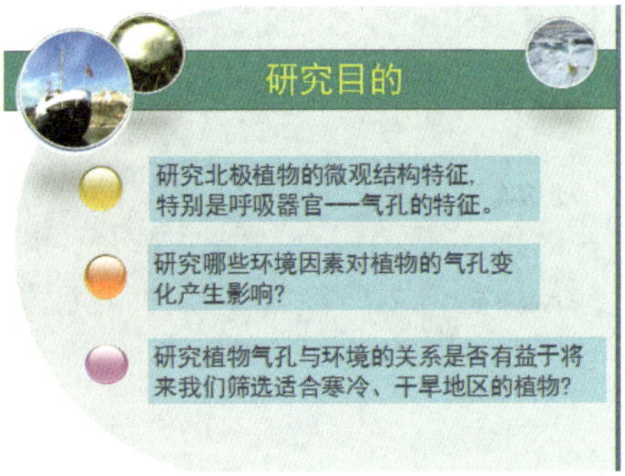
研究目的
研究北极植物的微观结构特征，特别是呼吸器官——气孔的特征。
研究哪些环境因素对植物的气孔变化产生影响？
研究植物气孔与环境的关系是否有益于将来我们筛选适合寒冷、干旱地区的植物？

研究流程图
查阅文献 制订计划 开题报告 考察准备
实地观测 样品采集 专家咨询
北京样品采集 扫描电镜实验 实验结果分析
查阅文献 专家咨询 撰写论文

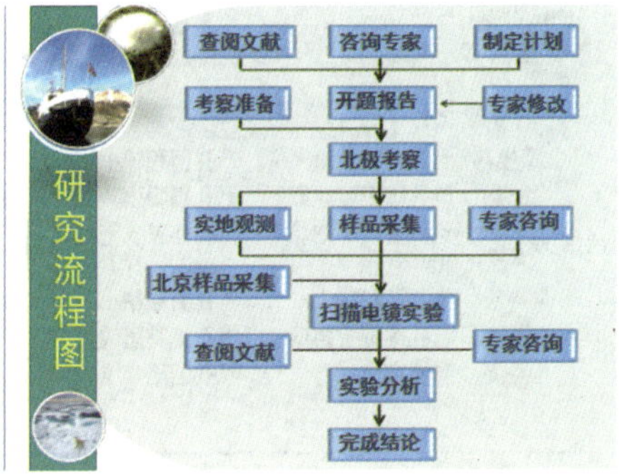
研究流程图
查阅文献
咨询专家
制定计划
考察准备
开题报告
专家修改
北极考察
实地观测
样品采集
专家咨询
北京样品采集
扫描电镜实验
查阅文献
专家咨询
实验分析
完成结论

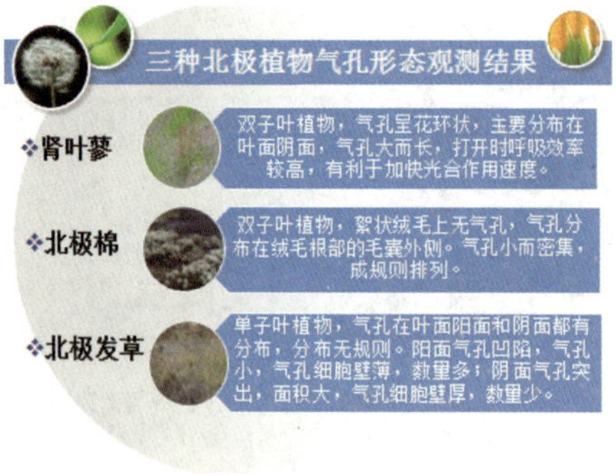
三种北极植物气孔形态观测结果
❖肾叶蓼
双子叶植物，气孔呈花环状，主要分布在叶面阴面，气孔大而长，打开时呼吸效率较高，有利于加快光合作用速度。
❖北极棉
双子叶植物，絮状绒毛上无气孔，气孔分布在绒毛根部的毛囊外侧。气孔小而密集，成规则排列。
❖北极发草
单子叶植物，气孔在叶面阳面和阴面都有分布，分布无规则。阳面气孔凹陷，气孔小，气孔细胞壁薄，数量多；阴面气孔突出，面积大，气孔细胞壁厚，数量少。

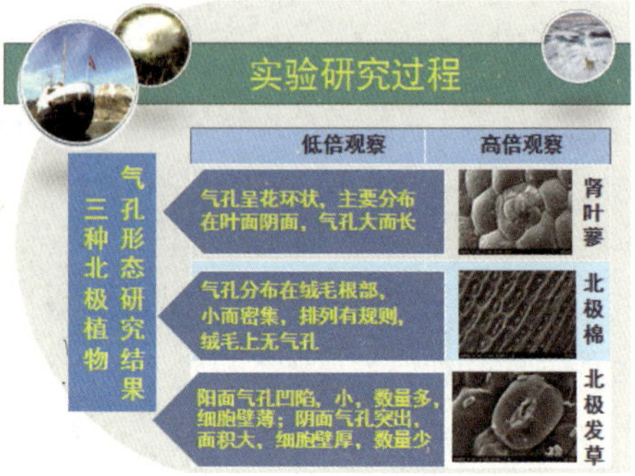
实验研究过程
三种北极植物气孔形态研究结果
低倍观察
高倍观察
气孔呈花环状，主要分布在叶面阴面，气孔大而长
肾叶蓼
气孔分布在绒毛根部，小而密集，排列有规则，绒毛上无气孔
北极棉
阳面气孔凹陷，小，数量多，细胞壁薄；阴面气孔突出，面积大，细胞壁厚，数量少
北极发草

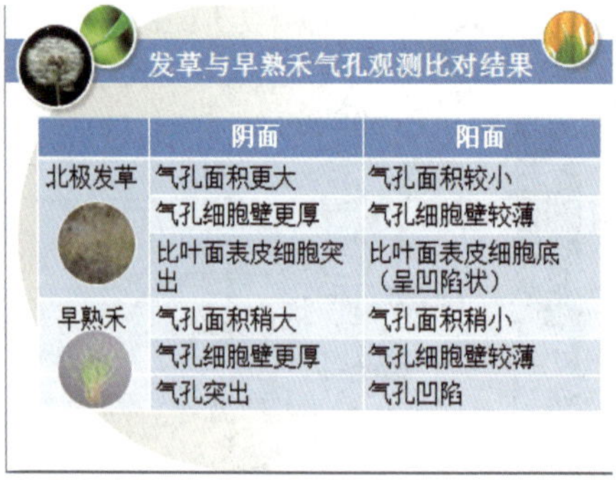
发草与早熟禾气孔观测比对结果
阴面
阳面
北极发草
气孔面积更大
气孔面积较小
气孔细胞壁更厚
气孔细胞壁较薄
比叶面表皮细胞突出
比叶面表皮细胞底（呈凹陷状）
早熟禾
气孔面积稍大
气孔面积稍小
气孔细胞壁更厚
气孔细胞壁较薄
气孔突出
气孔凹陷

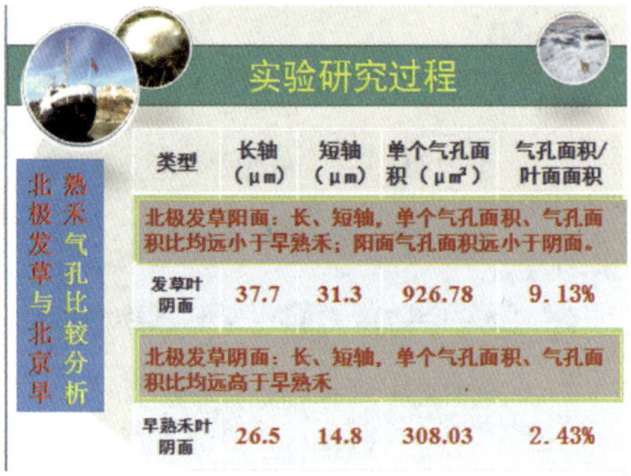
实验研究过程
北极发草与北京早熟禾气孔比较分析
类型
长轴（μm）
短轴（μm）
单个气孔面积（μm²）
气孔面积/叶面面积
北极发草阳面：长、短轴，单个气孔面积、气孔面积比均远小于早熟禾；阳面气孔面积远小于阴面。
发草叶阴面
37.7
31.3
926.78
9.13%
北极发草阴面：长、短轴，单个气孔面积、气孔面积比均远高于早熟禾
早熟禾叶阴面
26.5
14.8
308.03
2.43%

进阶篇

中国云南省西双版纳地区三种兰花传粉生物学研究

董悦音

一、研究背景

2013年春节，朋友送给爸爸一盆墨兰。这盆兰花与妈妈从花卉市场上买回来的蝴蝶兰同是兰花，可差异很大：它们的花瓣一个狭长，一个圆润；一个淡雅，一个娇艳，没有一点相似的地方。同是兰花，为何在花朵形态上有如此大的差异？这与它们生活的环境是否有关？通过在生物课上掌握的知识我知道，绿色开花植物的花一般都利用雄蕊、雌蕊传粉，但我却没有找到兰花的雄蕊。难道兰花花朵的形态与传粉方式之间有什么必然的关系吗？

带着这样的疑问，我参加了2013年5月"中国科学院科技英才暑期探索"活动的集训，在与专家交流后，确立了自己的研究课题——兰科植物的花部形态对繁殖成功的影响。希望通过本课题，可以解答我在生活中的疑问。7月15日，我与另外28名同学开始了西双版纳科学探索之旅。在考察过程中，在专家和老师的帮助下，我通过观察、比较、解剖对西双版纳地区的3种兰花开始了自己的分析研究工作。

二、研究目的

1. 在专家指导下利用网络查询、请教专家、实地考察、解剖测定等方法认识竹叶兰、同色兜兰、尖喙隔距兰的花部特征及传粉方式。

2. 比较研究上述3种兰花的花部特征及传粉方式，探讨花部特征与传粉方式的相关性。

三、研究方法

1. 流程图

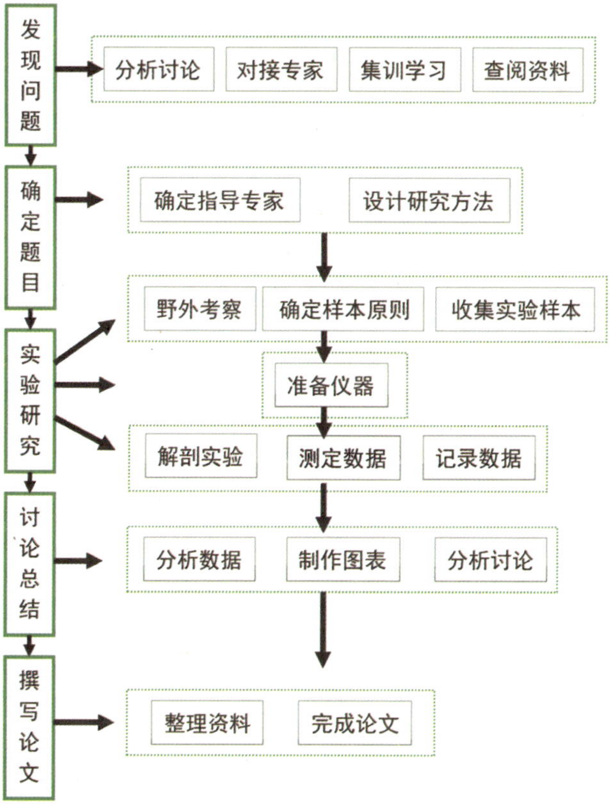

2. 查阅资料

（1）网上查阅

通过网上查阅，了解兰花的基本形态及其他生物性特征。

（2）期刊和国家标准查阅

通过查阅科技期刊和著作等学习兰科植物的种类、属性。了解现阶段对兰科植物的繁殖、栽培等方面的的相关研究成果。

3. 咨询专家

专家咨询问题列表

编号	问 题
问题 1	兰科植物是怎样传粉的?
问题 2	有哪些因素影响兰科植物的生长和繁殖?
问题 3	为什么兰科植物的种类繁多，形态迥异?
问题 4	兰科植物的繁殖器官在哪里?
问题 5	什么是欺骗性传粉?

4. 野外考察

在考察中，专家除了为我们讲解了兰科植物花的结构、传粉及繁殖方面的相关知识外，还指导我们采集了当季正在盛开的、种属特征较为明显的竹叶兰、同色兜兰、尖喙隔距兰 3 种兰花作为实验研究的样本。

5. 实验研究

（1）实验设备、工具

试验所需工具、仪器设备及型号

编号	仪器、工具名称	品牌型号
1	剪刀 镊子	—
2	体视镜	LeicaM125 立体显微镜
3	数显游标卡尺	数显游标卡尺（150mm）
4	记录笔 2 支	晨光 MG-2110
5	花蜜提取管 25 个	玻璃毛细管（带环形刻度）刻度位置：10μL
6	含糖量测量器 2 个	LB10T 类型
7	采集盒 3 个	PE 封口袋
8	解剖针 3 个	—
9	电脑、数码相机	笔记本电脑、富士 T205

（2）步骤

♥ 解剖、测量竹叶兰、同色兜兰、尖喙隔距兰

从植株上取 7 朵花

用剪刀和镊子将花朵剖开

用游标卡尺测花瓣长和宽

用游标卡尺测中萼片长宽

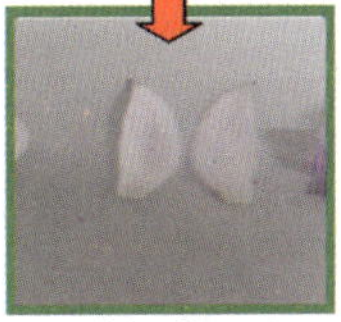

用游标卡尺测侧萼片长宽

用游标卡尺测唇瓣长宽

用游标卡尺测唇瓣口长宽

用游标卡尺测合蕊柱长宽

按上述步骤解剖、测量其余 6 朵

记录所得数据，计算平均值

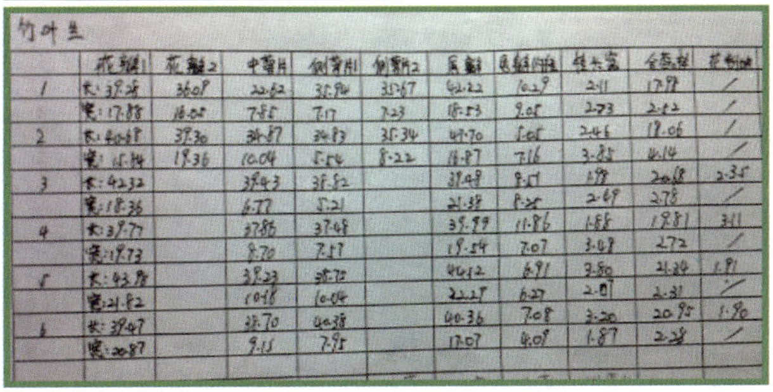

竹叶兰

	花瓣1	花瓣2	中萼片	侧萼片1	侧萼片2	唇瓣	[illegible]	[illegible]	[illegible]	[illegible]
1	长：39.25	36.08	22.62	35.96	35.67	42.22	10.29	2.11	17.98	/
	宽：17.88	16.05	7.85	7.17	7.23	18.53	9.05	2.73	2.42	/
2	长：40.68	37.30	34.87	34.83	35.34	47.70	8.05	2.46	19.06	/
	宽：15.44	19.36	10.04	5.54	8.22	18.87	7.16	3.85	4.14	/
3	长：42.32		39.43	35.82		38.48	9.51	1.98	20.68	2.35
	宽：18.36		6.77	5.21		21.38	8.25	2.69	2.78	/
4	长：39.77		37.85	37.48		35.99	11.86	1.88	19.81	3.11
	宽：19.73		8.70	7.57		19.54	7.07	3.48	2.72	/
5	长：43.98		38.23	35.72		46.12	6.91	3.80	21.34	1.91
	宽：21.82		10.18	10.04		22.28	6.27	2.07	2.31	/
6	长：39.47		35.70	40.38		40.36	7.08	3.20	20.95	1.90
	宽：20.87		9.15	7.95		17.07	4.09	1.87	2.28	/

注：测量图片以竹叶兰为例，同色兜兰步骤相同。尖喙隔距兰还需提取与测量花蜜量

四、研究结果

1. 查阅资料结果

兰花结构（照片素材引自 Mark Whitten）

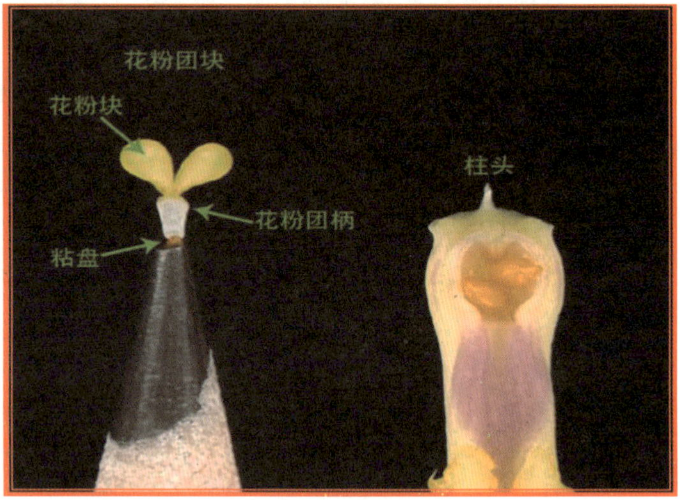

兰花的繁殖器官（照片素材引自 Mark Whitten）

2. 咨询专家结果

（1）兰科植物是怎样传粉的?

兰科植物大多数靠昆虫传粉，也有鸟媒传粉和自花传粉的。当昆虫采蜜后退出花朵时，通常背部触及蕊喙，引起粘盘脱出并牢固地固着在昆虫背部或其他部位上，把花粉块整个从药室中拖出并带走。而当花粉块柄暴露于空气后，由于失水或其他原因，引起了种种运动，使得花粉团处于特定的位置，并在昆虫寻访别的花朵时正好击中柱头，从而实现异花传粉。

——西双版纳热带植物研究所张文柳

（2）有哪些因素影响兰科植物的生长和繁殖?

各地的气候、环境都能影响兰花的生长。兰性喜阴，怕阳光直射，喜湿润，忌干燥，喜肥沃、富含大量腐殖质、宜空气流通的环境。例如福建闽南一带，四季天气较暖和，兰花生长速度快。影响兰科植物繁殖的因素也很多，花部的形态就是其中一个很重要的因素。

——西双版纳热带植物研究所字肖萌

（3）兰花的繁殖器官在哪里?

合蕊柱为兰科植物花中的雌蕊和雄蕊互相愈合所成的器官，是兰科的特征之一。一般植物的生殖器官由雄蕊和雌蕊两部分构成，但是兰科植物雌性器官的柱头、雌蕊和雄蕊部分的花药、雄蕊却在进化过程中合而为一，称为合蕊柱。

——西双版纳热带植物研究所张文柳

（4）为什么兰科植物的种类繁多，形态迥异?

这里的原因很复杂，但为了促进繁殖是其中很重要的一个因素。每一种兰花几乎都有它特有的传粉媒介，如蚂蚁、蜜蜂、鸟、蛾等。这些传粉媒介特殊的适应性不知不觉地参与了兰花授粉机制的进化、适应过程。也就是说，为了吸引适合的传粉媒介，兰科植物往往通过进化花瓣、花萼、唇瓣等花部结构的颜色、形状及花蜜的位置、数量等方式，来适应其生殖繁衍的需要，因此呈现出花部结构的多样性。例如吊桶兰，其桶状的唇瓣就像是为传粉昆虫设下的圈套。

——西双版纳热带植物研究所张文柳、字肖萌

（5）什么是欺骗性传粉?

科学家们统计发现，大约有 1/3 的兰花种类是靠欺骗为生的。大多数兰花都是依靠昆虫传粉。一般来说，昆虫为植物传粉，植物则会为昆虫提供一定的报酬，如花粉、花蜜等。但是经过长时间的进化，很多兰科植物可以通过“欺骗”昆虫为其传粉，而昆虫又得不到任何“报酬”。欺骗主要分为三种：视觉欺骗、嗅觉欺骗和触觉欺骗。如德古拉的兰花，通过散发出臭蘑菇、腐肉等味道来吸引蠓虫传粉。

——西双版纳热带植物研究所张文柳、字肖萌

3. 野外考察结果

花名	颜色	花部形态	花序
竹叶兰 	花朵粉红色，较为鲜艳	花瓣是粉色，唇瓣是紫红色，很突出，很鲜明	顶端一朵
同色兜兰 	接近象牙白色，布满紫色斑点	花朵最大，花瓣是宽椭圆形；中萼片很宽，呈卵形；唇瓣是一个很深的锥状椭圆形囊，囊口宽阔，基部有短爪，囊底有绒毛	顶端有 2 朵花
尖喙隔距兰 	颜色很鲜艳，淡粉色	有很多小花，花朵最小，是一串；花瓣近长圆形，有三道条金黄色纹；唇瓣颜色较深，很鲜艳	总状花序，每个花轴上有很多小花，而且间隔很近，形成一个大花簇花序对生；生有许多小花

4. 实验结果

数据对比(数据为竹叶兰、同色兜兰各6朵,尖喙隔距兰25朵的平均数据,篇幅有限只给出平均值,保留源数据小数点后一位。)

单位:mm

		竹叶兰	同色兜兰	尖喙隔距兰
花瓣	长	40.9	43.2	5.2
	宽	19.1	27.9	2.4
中萼片	长	35.4	31.5	6.4
	宽	8.0	28.6	3.5
侧萼片	长	37.7	35.4	5.3
	宽	7.3	35.5	3.1
唇瓣	长	42.3	39.2	3.7
	宽	19.3	16.8	3.6
通道口	长	8.3	10.5	2.4
	宽	7.0	11.8	3.6
合蕊柱	长	19.8	1.2	4.0
	宽	2.8	9.2	1.9

五、分析和讨论

1. 逐类分析和讨论

竹叶兰的传粉优势

(1)展示度佳,易于吸引传粉媒介

(2)颜色鲜艳对比强烈,凸显传粉位置

(3)彩色条纹,具有指向性

(4)圆锥形唇瓣,利于传粉成功

同色兜兰的传粉优势

(1)展示度最佳,吸引昆虫注意

(2)利用斑点拟态,欺骗媒介传粉

(3)"囊"状唇瓣,便于传粉

尖喙隔距兰的传粉优势

(1)以花朵数量多,提高传粉效率

（2）彩色条纹，指向传粉方位

（3）合蕊柱探出，便于快速传粉

（4）利用花蜜，直接吸引传粉

2. 综合分析和讨论

（1）竹叶兰、同色兜兰花朵的色彩具有欺骗性。

（2）竹叶兰、同色兜兰的花朵展示度对欺骗性传粉有帮助。

（3）竹叶兰、同色兜兰唇瓣的形状有利于实施欺骗性传粉。

（4）尖喙隔距兰花部结构适合有偿传粉。

（5）三种兰花通道口可对传粉媒介进行筛选，便于提高传粉质量。

（6）合蕊柱的长短与兰花所需的传粉方式、速度相关。

六、研究结论

1. 竹叶兰、同色兜兰独特的花部形态与它们欺骗性传粉方式相适应。

2. 尖喙隔距兰花部结构特征与其有偿传粉的方式相适应。

3. 三种兰花可利用通道口的大小对传粉媒介进行筛选，便于提高传粉效率。

4. 三种兰花合蕊柱的长短与它们所需的传粉方式、速度相适应。

总之，尽管实验中的三种兰花的花部形态存在明显差异，所展现出来的传粉方法、手段也有差异，但它们的花部结构都与其欺骗性传粉、有偿传粉高度适应。

本次实验只是我迈出探索兰花的第一步，相信仍有许多未知的机制等待我继续探索！

专家点评

论文撰写规范，文笔流畅，数据翔实，文献引用切题，分析问题细致深入。作者经过文献检索、请教专家、实地考察、解剖观察，把收集的数据归纳分类，又利用软件分析，图表并茂、生动详细地分析和比较了竹叶兰、同色兜兰和尖喙隔距兰，在外部形态、花冠大小、花瓣颜色等方面的相同和差异。同时，利用柱形图和各类表格清晰地展示了三者的各项异同之处，使读者一目了然，心悦诚服，是一篇优秀的研究论文。

老师的话

兰花是我们生活中常见的观赏花卉，可以说每一个人都有观赏兰花的经历：即使没有在家中进行种植，没有去植物园参观，北京路边的花坛里它们也是常客，更不用说每年春天早早开放的白玉兰了。

既然我们经常观赏兰花，为什么没有想过兰花的形态与它的传粉息息相关呢？我想这个问题可以说明观察与观赏的区别。

1. 观察者需要具有一定的科学素养

古语说“仁者见仁，智者见智”，对待同一项事物，不同知识背景的人会产生不同的理解。观察者如果不具备一定的科学素养，即使一个全新物种在他面前出现，他也可能只是拍照留念发朋友圈。在本研究中，董悦音同学在对生物学具备一定认识的基础上，对三种兰花的花朵各部分进行了测量，取得了关键性的数据，但这些数据到底说明了什么，开始她也没有想法。最终是阅读了大量参考文献后才真正从这些数据里找到线索，进行了一系列合理的推论。

很多人说观察是科学研究的第一步，但我认为研究者自身通过学习而具备的专业知识与科学素养才是观察与研究的前提。

2. 观察不仅是用眼睛

简单的观察一般是依靠眼睛及其他感官获取信息，依靠文字与图画记录信息，依靠大脑分析信息。而每一次观察方法的进步都推动了科学的进步，显微镜让人们进入微观世界、望远镜让我们更好地观察宇宙、红外测温仪让温度肉眼可见。所以在观察中，观察者一定要选用适合自己的工具来获取更多更有价值的信息。

在本研究中，董悦音同学使用解剖刀对三种兰花进行了解剖，用游标卡尺对每一个部分进行精细测量，用花蜜检测器测量了花蜜的含量。这些工具的使用最直观的作用是让观察结果定量化数据化，但其更有价值的是在这一过程中帮助观察者对观察对象的各个部分进行了梳理，让花朵这一有机整体成为了一系列既独立又有联系的"零部件"。专业工具的使用体现了生物学的一个基本定理：生物形态结构总是与生长的环境相适应的。其实在很多学科里的观察工具也都一定程度上让观察者自然而然地将自身置于学科逻辑之中。

由此可见，观察绝不仅仅是怀着一颗发现问题的心去启发一双明亮的眼睛，只有拥有科学素养，能够正确使用科学工具的人才能成为一名合格的观察者。未来的小院士们，加油吧！

PPT展示

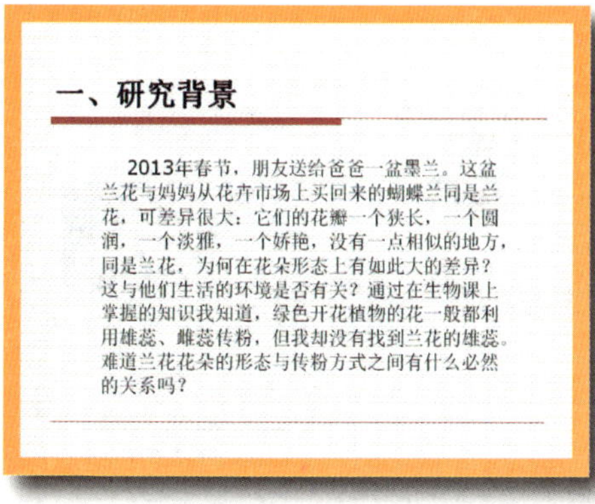
一、研究背景
2013年春节，朋友送给爸爸一盆墨兰。这盆兰花与妈妈从花卉市场上买回来的蝴蝶兰同是兰花，可差异很大：它们的花瓣一个狭长，一个圆润，一个淡雅，一个娇艳，没有一点相似的地方，同是兰花，为何在花朵形态上有如此大的差异？这与他们生活的环境是否有关？通过在生物课上掌握的知识我知道，绿色开花植物的花一般都利用雄蕊、雌蕊传粉，但我却没有找到兰花的雄蕊。难道兰花花朵的形态与传粉方式之间有什么必然的关系吗？

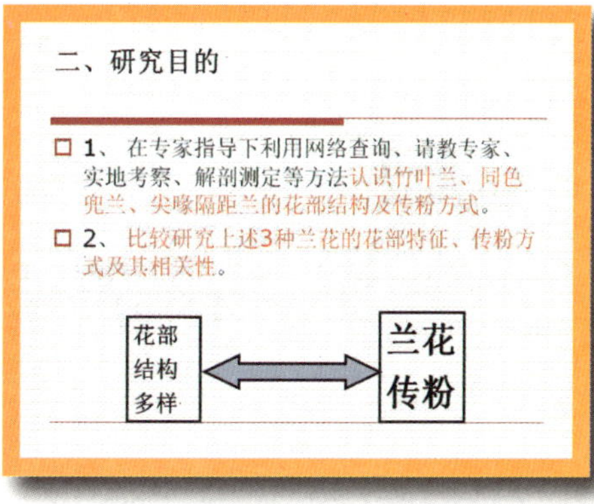
二、研究目的
1、在专家指导下利用网络查询、请教专家、实地考察、解剖测定等方法认识竹叶兰、同色兜兰、尖喙隔距兰的花部结构及传粉方式。
2、比较研究上述3种兰花的花部特征、传粉方式及其相关性。
花部结构多样
兰花传粉

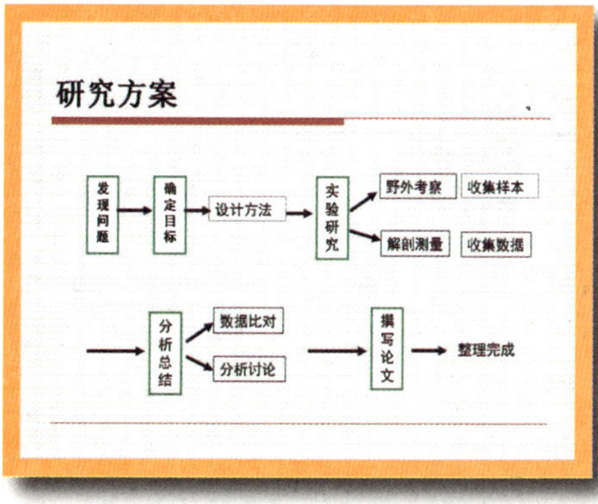
研究方案
发现问题
确定目标
设计方法
实验研究
野外考察
收集样本
解剖测量
收集数据
分析总结
数据比对
分析讨论
撰写论文
整理完成

三、实验研究——野外考察
野外考察结果

花名	颜色	花部形态	花序
竹叶兰	花朵粉红色，较为鲜艳。	花朵较大，花瓣是粉色，唇瓣是紫红色，很突出，很鲜明。	顶端1朵。
同色兜兰	象牙白色，布满紫色斑点。	花朵最大，花瓣是宽椭圆形；中萼片很宽，呈卵形；唇瓣是一个很深的锥状椭圆形囊，囊口宽阔，基部有短爪，囊底有绒毛。	顶端有2朵花。
尖喙隔距兰	颜色很鲜艳，淡粉色	花朵最小；花瓣近长圆形，有三道条金黄色纹；唇瓣颜色较深，很鲜艳。	总状花序，每个花轴上有很多小花，而且间隔很近，形成一个大花簇；花序对生；生有许多小花。

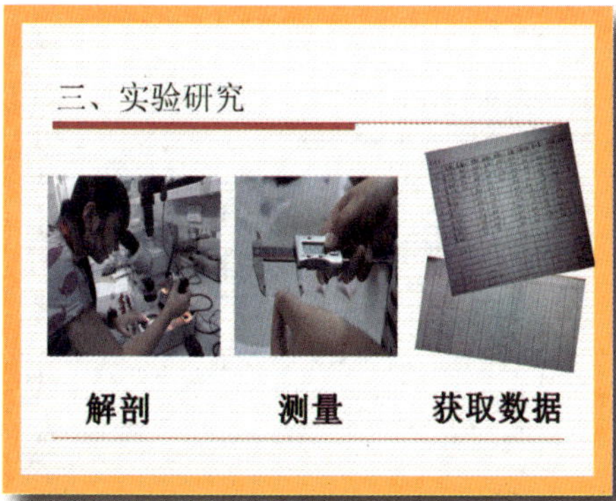
三、实验研究
解剖
测量
获取数据

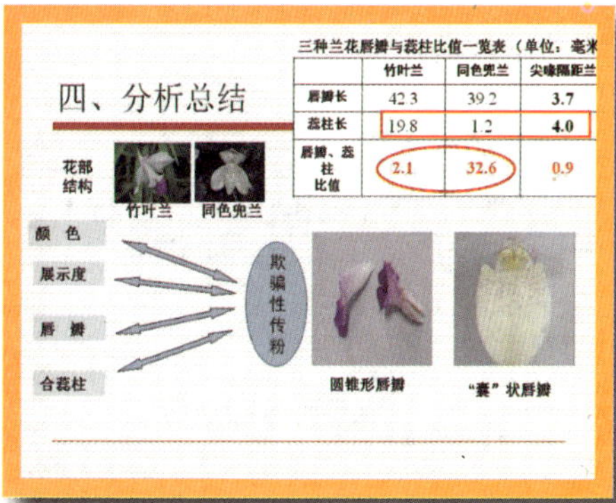
四、分析总结
三种兰花唇瓣与蕊柱比值一览表（单位：毫米

	竹叶兰	同色兜兰	尖喙隔距兰
唇瓣长	42.3	39.2	3.7
蕊柱长	19.8	1.2	4.0
唇瓣、蕊柱比值	2.1	32.6	0.9

花部结构
竹叶兰
同色兜兰
颜色
展示度
唇瓣
合蕊柱
欺骗性传粉
圆锥形唇瓣
“囊”状唇瓣

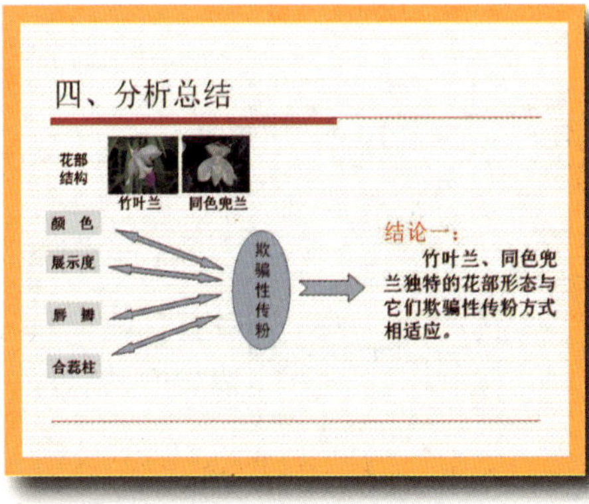

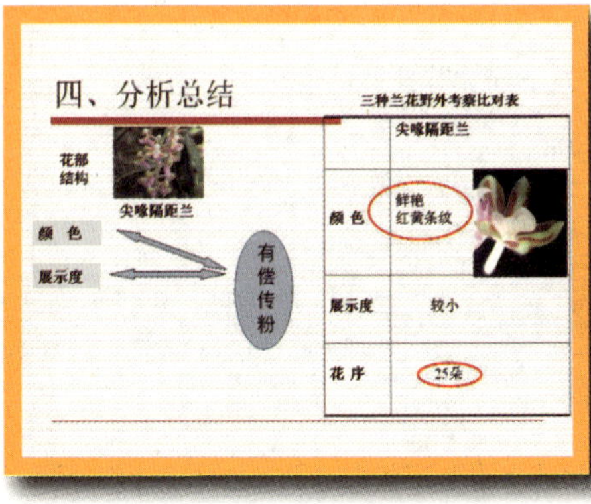

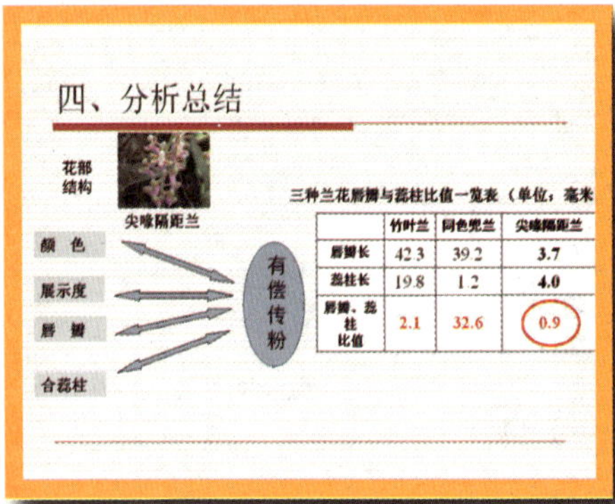

三种兰花唇瓣与蕊柱比值一览表（单位：毫米

	竹叶兰	同色兜兰	尖喙隔距兰
唇瓣长	42.3	39.2	3.7
蕊柱长	19.8	1.2	4.0
唇瓣、蕊柱比值	2.1	32.6	0.9

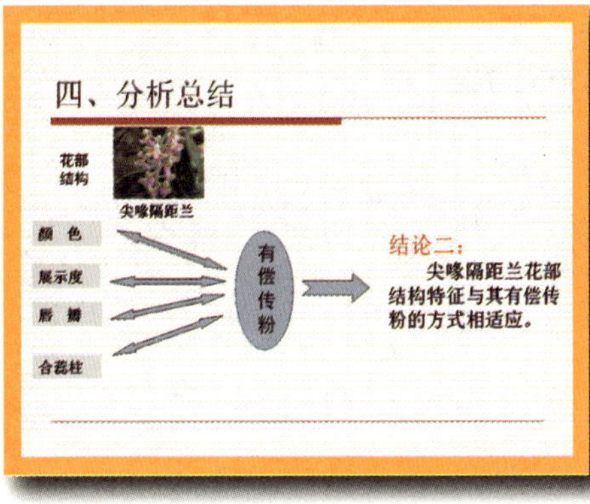

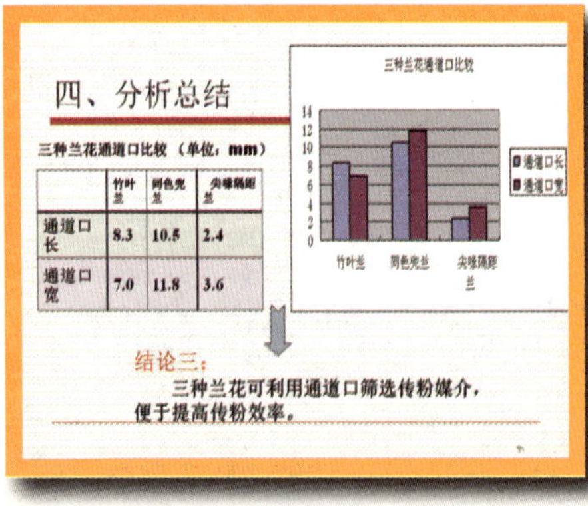

三种兰花通道口比较（单位：mm）

	竹叶兰	同色兜兰	尖喙隔距兰
通道口长	8.3	10.5	2.4
通道口宽	7.0	11.8	3.6

中西文学历史典故的比较和探究

褚君

一、研究目的

我希望通过对中西 80 个文学历史典故的比较和探究，增加对课本知识的理解和掌握；深入了解中西方的文化；探讨中西方文化的共同性和一致性；增强对互联网信息的灵活运用能力。

二、研究方法

这本书主要是根据网上的资料编纂而成。书中的 80 个西方典故来源于互联网上的一篇文章《你很熟悉但却不一定能准确说出含义的 80 个词汇》，之后我用百度搜索找出了对应的 80 个中国典故，书中的插图全部来源于百度图片。每个典故的比较和探究部分都是在自己理解的基础上结合了网上其他人的看法提炼成的。

1. 根据西方 80 个典故，找出相似的一个或多个中国典故将它们对应起来；

2. 比较详细地介绍每个对应的中西方典故；

3. 将对应的中西方典故进行比较和探究；

4. 搜索与每个典故对应的图片将它们做成插图；

5. 写出前言和后记。

三、研究过程

中西方典故呈现的方式如下：

1. 介绍一个西方典故并配上内容相关的插图；

2. 介绍与之对应的中国典故，配上相关的插图；

3. 对这两个典故的意义、内涵等进行比较和探究。

在写作中，最容易写的是中西方典故的介绍和配插图，这部分内容来自网络，我主要进行文字加工和编纂。最困难的是根据西方典故来确定中国典故，有些根据寓意就能找到对应的中国典故，还有一部分要通过变换主题词才能确定，有时还要在多个中国典故中进行筛选。比较和探究部分考察的主要是思辨能力，网上的观点很多，必须要经过独立思考才能形成自己的想法。

四、研究成果

选出两篇作为研究成果的展示。

1. 出走的娜拉与林道静

娜拉是挪威戏剧家易卜生《玩偶之家》的主人公。她本是一个思想单纯、满足于家庭幸福的少妇，但丈夫海尔茂仅仅把她当作一个玩偶。后来，娜拉看清了丈夫自私卑鄙的本性。觉醒后的娜拉在圣诞节的深夜毅然离开了“玩偶之家”。后用娜拉多形容那些反抗丈夫的家庭专制，追求自己独立人格和幸福的女人。

玩偶之家剧照

林道静是中国当代著名女作家杨沫长篇小说《青春之歌》中的女主人公。林道静为了摆脱封建地主家庭的桎梏，为逃避给男人当“玩物”和“花瓶”的命运，踏上流亡之路。经过苦闷、彷徨、追求、探索，林道静在革命者的指引下，一步步克服软弱，最终成为一名成熟的无产阶级革命战士。小说通过对林道静个人命运、遭遇和归宿的描写，成功地塑造了林道静在时代的洪流中锻炼成长的形象。

娜拉和林道静，尽管她们所处的时代背景、社会现状各不相同，但都是非常成功的艺术典型，在当时的社会上都引起了强烈的反响。娜拉在剧中最后一幕临别玩偶家庭时的谈话，被誉为一篇“妇女独立宣言”；林道静先后两次冲出封建家庭，步入新的人生，被赞为一曲“妇女解放之歌”。

但是易卜生在《玩偶之家》中没有告诉我们娜拉出走之后的结果，鲁讯先生为此留下一句旷世名言：娜拉走后怎样？而杨沫却在《青春之歌》中告诉我们，林道静在近乎严酷的革命暴风雨中，经历了生与死的严峻考验，克服了小资产阶级思想，成为一名自觉的无产阶级先锋战士。

2. “哪里好，哪里就是祖国”与“有奶便是娘”

“哪里好，哪里就是祖国”一语出自古希腊作家阿里斯托芬的喜剧《财神》，比喻唯利是图、甚至不惜背弃祖国者，也形容毫无原则的人。

阿里斯托芬

“有奶便是娘”是中国一句骂人的话，说的是谁有奶水用来喂养，就认谁做娘。比喻贪利忘义，谁给好处就投靠谁。宋朝著名政治家欧阳修曾用“有奶便是娘”来形容五代十国时期的冯道“曾事四姓，相六帝，没节气。”

“能上尽言于主，下致力于民，而足以修义从令者，忠臣也。”这是春秋时期的齐国政治家管仲对于忠臣的定义。不论是“哪里好，哪里就是祖国”还是“有奶便是娘”都从另一个侧面说明了中西文化对见利忘义的唾弃，对忠诚正直的追捧。虽然表达的方式不同，但都告诉我们，忠诚不仅是一种文化，更是一种品质。

五、研究结论

1. 从 80 个中西方典故的比较和探究中，不难看出中西文化和道德观念具有一定的共性；

2. 在同一个地球上孕育出的人类，其文化差异可能不像想象的那么大；

3. 人类的文化和道德共性是不同民族和地域的人民相互交流和交往的基础；

4. 西方的典故主要来源于神话、圣经和文学作品中，而中国的典故多数来源于历史史实和社会实践，两者各有所长；

5. 加强中外交流，吸收其他文化中的精华，去除自身文化中的糟粕，是促进文化进步和繁荣的最好的方法。

六、收获和体会

通过本研究，我有如下心得和收获：

1. 增强创新思维，善于发现并利用机会。我从网上发现了《你很熟悉但却不一定能准确说出含义的 80 个词汇》这篇文章，从中获得灵感而完成此项研究。

2. 想好了就要做，做了就要坚持，坚持了就要有结果。写作过程中遇到了许多困难，但是他们都没能阻止我完成这本书的创作。

3. 启发式的学习方法更容易激发人的潜力。父母只告诉我网上搜索、归纳总结等方法，其余的只能自己去摸索，这就逼着我想办法去克服困难。

4. 分析问题的能力和写作水平有所提高。

5. 要善于运用互联网，网络所提供的知识和信息远远超过书本，通过搜索、筛选、提炼、整合等方法，让网络为我所用。

6. 互联网时代，我们不应该简单重复父辈的学习方法，单纯记忆类的知识不必要求过高，而思辨类、方法类知识的教学应该加强。

专家点评

该论文立题明确，作者旨在通过 80 个中西历史典故比较人类文化发展的共性。围绕目的，作者善于独立思考，采用便捷的研究方法，利用大众熟识的互联网，查阅和搜集大量文献，从中选取典型故事，经过搜索、筛选、提炼、整合，激发灵感，温故知新，大胆思辨，通过林道静与娜拉忠于祖国等故事，比较分析了中西道德文明的核心所在，从而联想到中西法律体系的文化基础。作者为儿童正确利用互联网树立了榜样，也为儿童阅读文学历史故事，激发个人联想、归纳和分析能力提供了佐证。值得在青少年互联网的有益应用中大力推广。

老师的话

褚君同学的研究项目为《异曲同工——中西 80 个文学历史典故的比较与探究》，这个研究属社会科学的研究范畴，对中西文化的历史典故进行了比较与探究，学生能够提出自己的观点，辨析中西文化与道德水平的差异与共同点。如此丰富的内容如何在展示部分更好地呈现给大家，是一个值得思考的问题。

将具体的案例转化为有高度的研究完整性的呈现

开始的时候，孩子在制作展示 PPT 的时候，罗列了很多具体的案例，如某一个历史典故，中方和西方历史典故的内涵是什么、有什么相同点、有哪些不同之处等，而缺少对于整个研究的呈现。因此，指导教师建议，在展示时应该将研究的完整性加以呈现，从写作灵感、研究目的、研究过程、研究结论、收获和体会等方面展开。

研究亮点的呈现

展示环节，除 PPT 之外，指导教师建议学生将研究的主体内容《异曲同工——中西 80 个文学历史典故的比较和探究》印刷本，带去一并展示。此印刷本为研究的亮点所在，纸质版共 171 页，作为附录呈现在论文之后。可以使大家更全面地了解他的研究。

PPT 展示

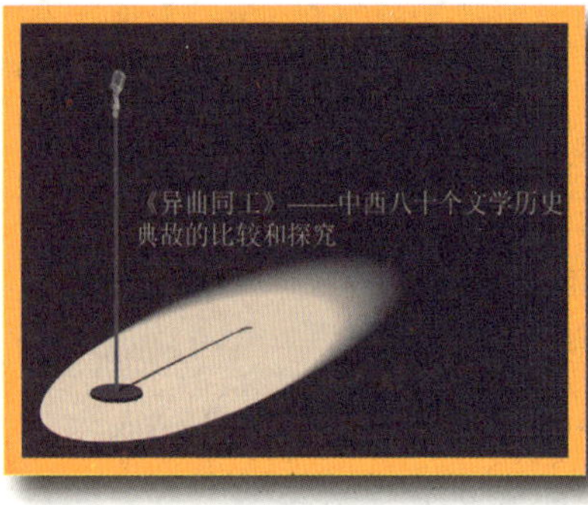

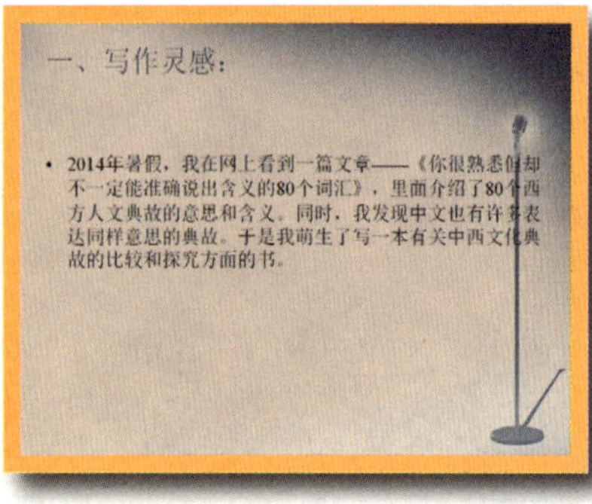

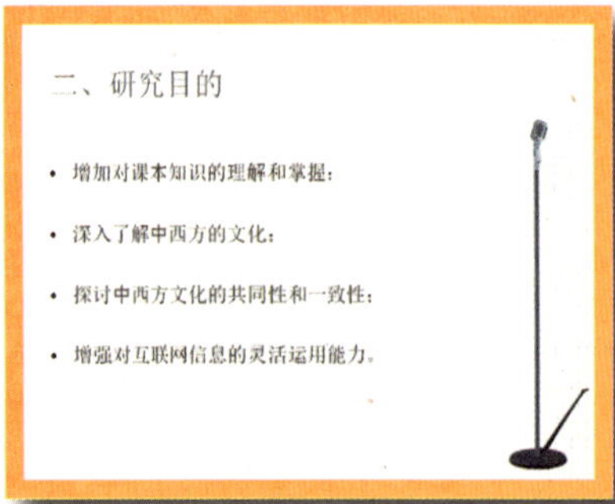

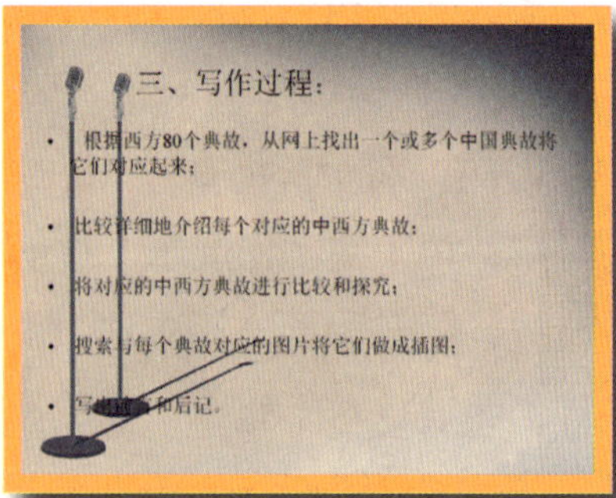

基于等边三角形的类软体越障爬行机器人的设计与制作

张茗绮

一、研究背景

机器人已广泛应用于工业、救援、探测等众多领域，传统机器人一般由刚性模块通过运动副连接构成，每个运动副提供一个（或多个）平动自由度或转动自由度，这种机器人具有运动精确的优点。传统机器人主要通过变形轮、履带、腿式等方式实现越障移动，但这种机器人的灵活性与可变形性较差，在狭窄缝隙以及复杂平面上的运动性较差。因此，研究者为增加机器人柔软度，研究出了一系列软体机器人，如象鼻机械臂、蛇形机器人等。然而，不管是国内还是国外，软体机器人都需要在传统工业机器人一统天下的局面中打开市场，从产品设计、材料运用到打印制造，软体机器人都与传统机器人截然不同，它的产业化就意味着要颠覆整个传统工业机器人的产业链，目前推广应用困难较大。如果在传统机器人的基础上，为之赋予一定的柔软度，实现与软体机器人相近的结构、功能特点，为解决这一问题，作者提出了等边三角形的类软体越障机器人，本文主要介绍其研究过程及主要成果。

二、设计思路

1. 创新点

- 适应多种地形的越障
- 增加了传统工业机器人的柔韧性
- 比软体机器人更具机动性

2. 结构设计

目前，传统越障机器人主要是通过可变形轮、腿式、履带式等方式实现越障，但始终无法摆脱沉重的机身与固定的结构的限制。而软体机器人，如美国国防部高级研究计划局资助下 Tufts 大学研制的仿毛虫（烟草天蛾幼虫）软体机器人， 日本早稻田大学桥本周司应用物理实验室研制的基于化学凝胶的仿生尺蠖等虽然与之相比具有极大优势，但机动性却比之较弱。更多的国内外研究者正专注于仿生机器人的研究，希望在软体结构上有所突破。

要用传统方法实现"软体"结构，势必利用多模块的基础架构，并在此基础上有所发展。从罗伯特·朗有关折纸的演讲中可以了解到，折纸技术已应用到航天太阳能电池板中，利用了薄片式结构。而一种可变形的手提包利用了三角形的多模块结构，实现了贴附与美观的一体化。由此，设计了以等边三角形为基础的模块化类软体结构。

三、基本结构

1. 等边三角形模块

等边三角形作为最基本二维图形，既具有稳定性，又结构简单，与正四边形相比，等边三角形设计出的模型具有三个方向的自由度，而正四边形只有两个方向的自由度。再与正五边及以上多边形相比，正三角形的结构更加简单，变形更加可控，因变形而产生的自干扰可能性较小。图 1 为模型设计的优化历程。

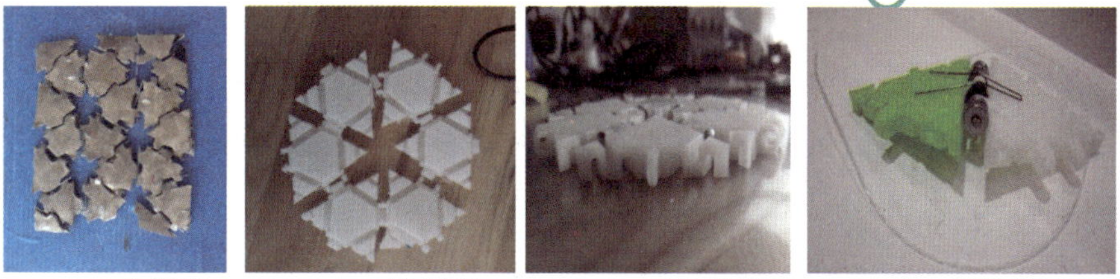

(a) 一代模型 (b) 二代模型 (c) 三代模型 (d) 四代模型

图 1 模块模型

第一代模型为机器人的基本结构提供了参考，在此基础上，通过 3D 建模设计出了二代模型。二代模型加入了“S”形开槽结构，是模块具有一定可弯曲限度，但此模型存在结构较脆，容易折断的问题，因此在连接处加入圆角，利用拱形的坚固性使模块不易折断。最终组装使用了多次优化后的四代模型。

2. 拉线与弹簧结构

机器人选用了拉线的方式进行模块的抬升，利用扭簧进行反方向的贴合。与电机控制抬升相比，拉线结构所需的电机更节约空间，且将电机集中于一个模块的方式不会为机器人的运动带来阻碍，拉线方式如图 2 所示。在越障过程中，当模块需要向下贴合时，利用扭簧代替双方向拉线，作为回复装置使模块贴合障碍表面，防止后翻或在直角处卡住，如图 3 所示。

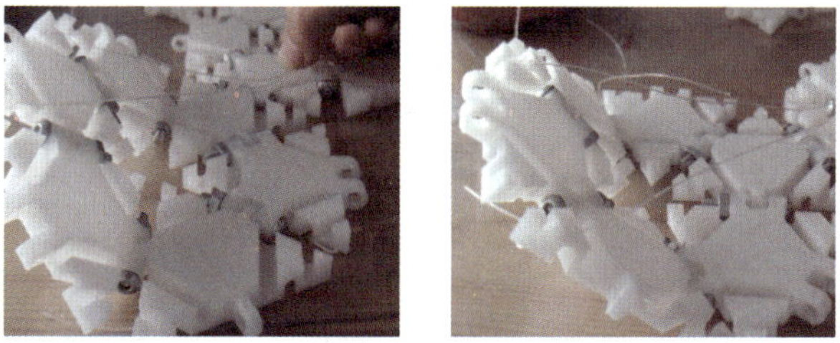

图 2 拉线

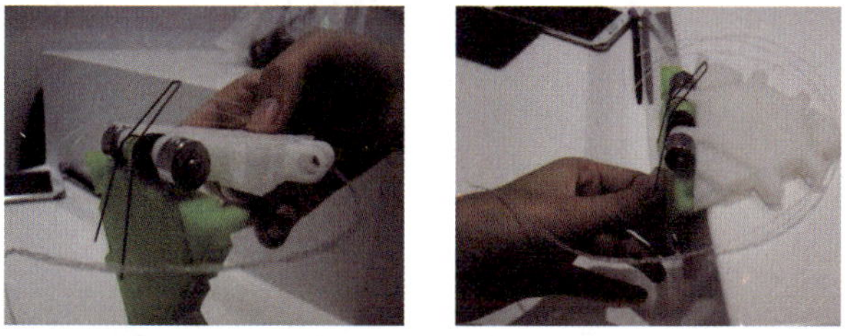

图 3 回复扭簧

3. 拉力测试效果

将弹簧与拉线相结合之后，测试了拉线效果，可以爬越一定高度的障碍物。到达顶端时，通过扭簧的弹力与重力相结合，使顶端模块贴合障碍。拉线与弹簧的配合见图 4。

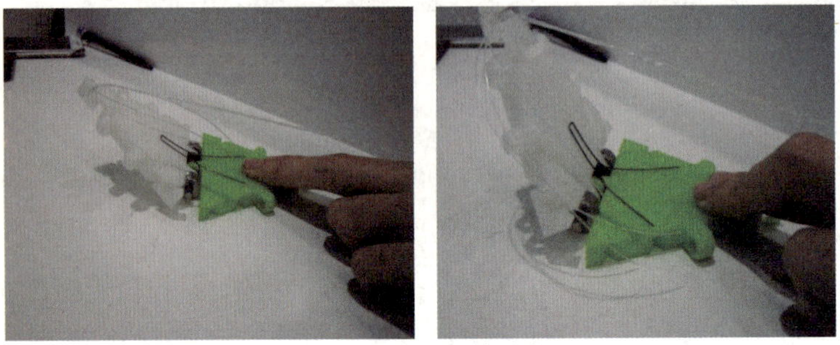

图 4　拉线与扭簧结合

根据测试，最终选择了 线径为 0.7mm、外径 8mm、圈数为 1 的弹簧。同时在此基础上将扭簧变窄加长以减小拉线所需拉力。

4. 前后双驱动

采用 ARDUINO L298N 电机驱动板驱动直流电机前拉后推的方式进行机器人的驱动。为防止机器人在爬直角时卡在拐角处，在后驱的基础上增加前驱动轮，使前端施加拉力将机器人拽上障碍。

在机械驱动与应用于软体的气动驱动的比较中，机械驱动更加容易实现，且现如今的机械驱动体系已经基本成熟，所占体积小，机动性好。而气动驱动虽然反应快，但难以小型化。

5. 程序控制部分

因为受到尺寸限制，因此使用了 ARDUINO nano 控制机器人，目前通过手机遥控来进行移动控制。机器人有 7 个电机。由 4 个电机控制移动，3 个电机控制 3 个方向的拉线。

图 5　直流电机与 ARDUINO nano

四、测试

将以上结构进行组装、编程，最终形成了机器人的整体模型，如图 6 所示。

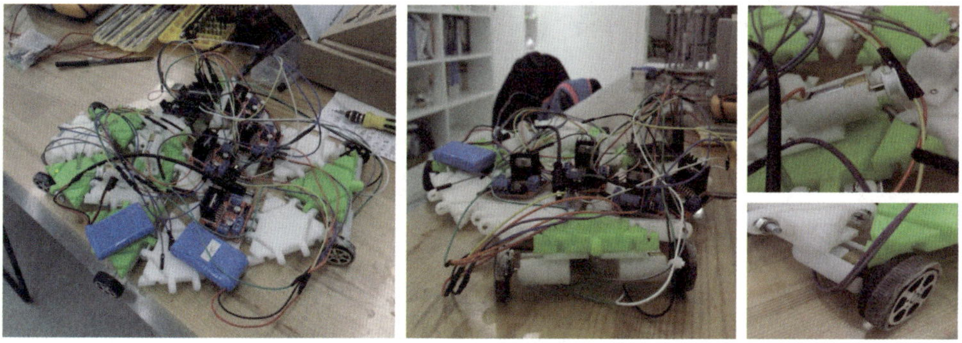

图 6　整体效果图

五、结语

基于等边三角形的类软体越障爬行机器人通过等边三角形的模块化结构，以拉线与扭簧相结合的前后双驱动方式，实现传统机器人的机动性、简易性与软体机器人的可变形、适应性相结合，在不颠覆传统机器人系统的条件下，尽最大努力增加柔软度，作为平台为变形与越障以及机器人系统的过渡提供更多可能。当然，在现有研究基础上，机器人还有待进一步探索完善，以更加流畅的形式进行越障。

六、未来工作

（1）在机器人上加入吸附装置，实现壁面与地面的双空间越障。

（2）添加微型摄像头等辅助设备，实现一定的功能性。

（3）增加斜向电机，实现三方向移动。

专家点评

作者从观察生活出发，受手提包、昆虫等启发，利用所学的数学、工程学等原理，设计和制作了基于等边三角形的类软体越障爬行机器人，提出了它的高度、重量、形态上的三个优势，以及它的改进方向。实用性和技术性较强，但 PPT 制作有待加强。

老师的话

《基于等边三角形的类软体越障爬行机器人》的 PPT，在比赛前准备答辩的过程中，经历多次修改，与多位老师讨论，从内容、篇幅、版式等方面分别进行了修改与完善。

在第一版的 PPT 中，从想法的产生、背景研究、创新点、研究过程、作品结构、程序等多方面进行了全面的介绍，篇幅在 10 张以上，练习中比较快语速可将演说控制在 6 分钟左右。但是，这样的答辩显得冗长而仓促。首先会使听者在面对不大理解的结构原理方面依旧困惑，也使自己口干舌燥，还要担心时间的不充裕。现在，以多次比赛的经验来看，工程类项目的评委都不喜欢听对着 PPT 的长篇大论，他们更注重演示与讲解，所以 PPT 其实只可作参考、补充之用。

PPT 中的内容需要精简。一场答辩应控制在 3 分钟左右，如何在短时间内将自己的亮点展示出来，并给评委留下深刻印象是必须考虑的事。选择利用照片代替语言，更直观地展示研究过程与作品结构、原理。结构原理部分，不是所有评委都对项目方向了解较深，也不可能在短短几分钟内将全部原理清晰完整地传达，不如将这一部分放到问辩环节，如果评委感兴趣自然会问。最终，PPT 当中只呈现了创新点、背景研究、改进和一些过程图片，这样也容易控制时间了。

PPT 的版式要简洁鲜明。与我们平时追求的精美不同，答辩 PPT 更应简单而引人注目。黑体加粗字与对比强烈的背景更能有效地传递信息，这也要求我们减少文字量，否则会显得冗长而乏味。应用白底黑字或黑底黄字是更能凸显内容的。而且，图片的表现力比文字更加直观清晰，也能有效减少文字量。总之就是看图比照读文字更能给评委留下好的印象。

于是，在最后呈现的 PPT 中，看到的是用一两个短语和几张示意图展现出的大纲式研究，而不是事无巨细的描述。这是经过吸取许多老师的意见后的成果。展现重点，简练答辩，会有更好的效果。

PPT展示

基于等边三角形的
类软体越障爬行机器人
答辩人：
北京师范大学第二附属中学
指导教师：刘荣 北京航空航天大学机器人研究所
石林 北京师范大学第二附属中学
北京西城科技馆

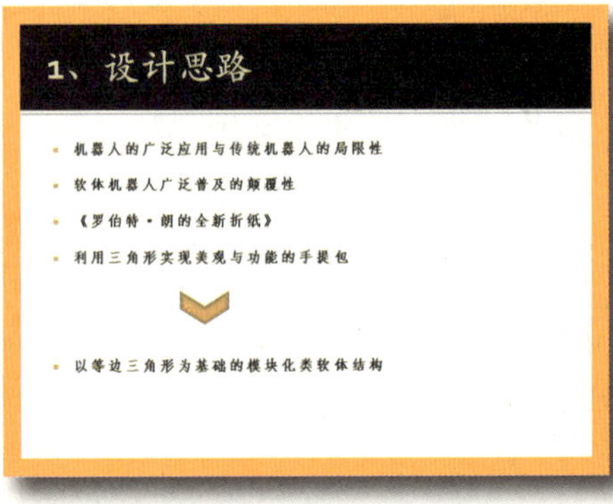
1、设计思路
机器人的广泛应用与传统机器人的局限性
软体机器人广泛普及的颠覆性
《罗伯特·朗的全新折纸》
利用三角形实现美观与功能的手提包
以等边三角形为基础的模块化类软体结构

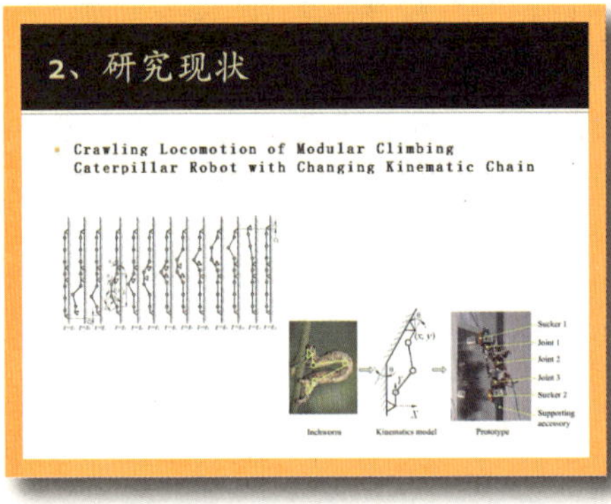
2、研究现状
Crawling Locomotion of Modular Climbing Caterpillar Robot with Changing Kinematic Chain
Inchworm
Kinematics model
Prototype
Sucker 1
Joint 1
Joint 2
Joint 3
Sucker 2
Supporting accessory

3、基本结构
拉线与弹簧

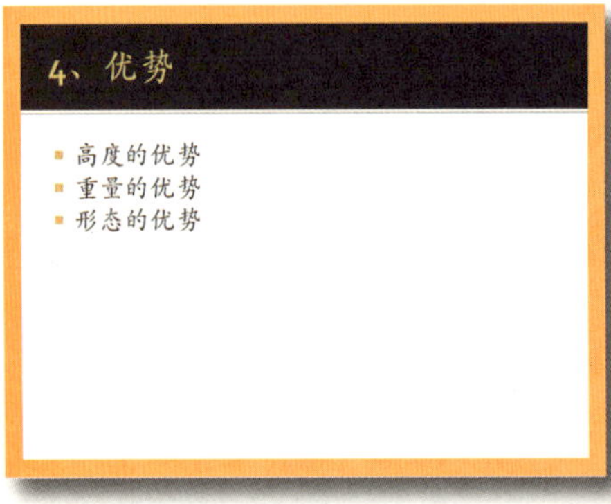
4、优势
高度的优势
重量的优势
形态的优势

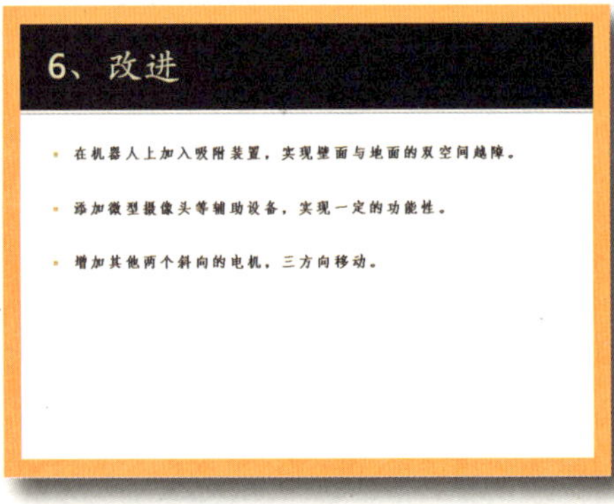
6、改进
在机器人上加入吸附装置，实现壁面与地面的双空间越障。
添加微型摄像头等辅助设备，实现一定的功能性。
增加其他两个斜向的电机，三方向移动。

北京城区自行车路网现状调查与改进研究

王月林

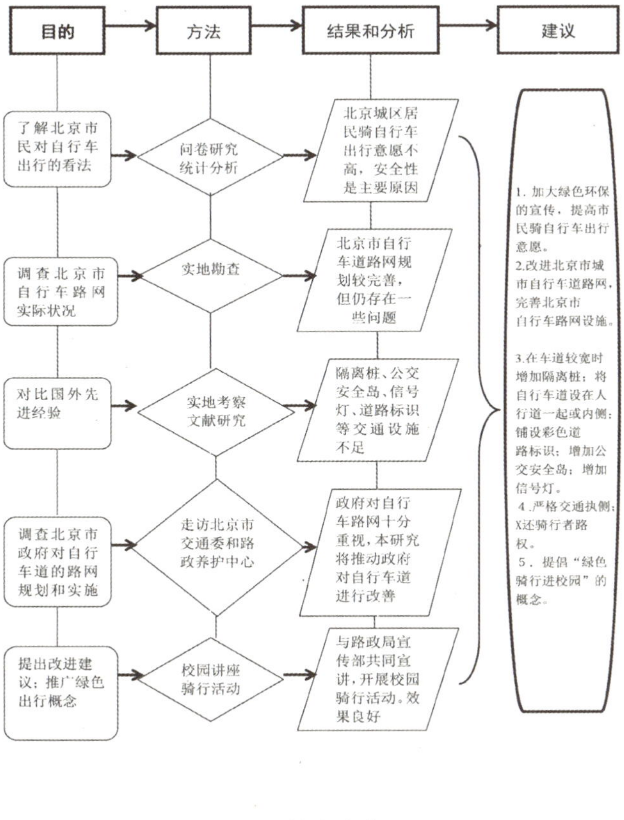

图1 技术路线图

一、研究背景

有一种蓝叫“APEC 蓝”，有一种生活叫“绿色出行”。这是每个生活在大城市，特别是首都北京市民的美好期盼和被越来越多人们接受的生活方式。2014 年 12 月 19 日由国家语言资源监测与研究中心、商务印书馆等主办的“汉语盘点 2014”年度字词今揭晓，“APEC 蓝”作为热词被推上榜，这也反映了老百姓对蓝天白云的期待。

蓝天白云能持续多久，是否只是APEC时期的一次“环境特供”？“发展权”与“健康权”始终在博弈。北京何时摘掉 “霾都”的帽子，是政府和市民都在做的一项努力。

本研究从推进“低碳环保、绿色骑行方式”的角度调查和研究北京市自行车路网现状，通过问卷调查、统计分析、实地勘察、居民访谈、专家咨询、路政部门调研等方法来进行研究，并提出改善对策。

二、研究目的

1. 了解北京市城区居民以自行车出行的意愿。
2. 实地调查北京市自行车路网的实际情况和主要问题。
3. 以友谊医院、西城区市民健康骑行车道为例，探究自行车路网实施的策略。

三、研究方法

（一）问卷调查法

通过问卷调查了解北京市城区居民以自行车出行的意愿及对北京市自行车路网现状的满意度。

（二）实地勘察法

我选取了北京市具有代表性的一些街区，以及我生活居住与就读学校的街区，利用暑假、APEC 假期、国庆长假及双休日骑车实地进行勘察，获得大量一手材料。

（三）对象访谈法

1. 与专家、居民、骑行者、开车者进行访谈

通过和专家、城区居民、骑行者、开车者、交通协管员、交警等人员的访谈，了解不同类别人员对北京市城区自行车道的认识以及改善对策。

2. 申请政府信息公开，与政府主管部门领导探讨自行车道路状况现状及改善方法

通过申请政府信息公开，并对政府主管部门领导进行访谈，了解北京市政府在规划、道路修建等方面的政策、实施情况以及下一步准备改善的方向。

（四）比较研究法

利用网络、亲戚朋友和学校游学活动对欧美国家和我国台湾地区，以及济南、杭州等城市的自行车路网进行比较。

（五）统计分析法

使用 SPSS 20.0 软件进行数据处理，进行标准差和方差的计算，分析调查问卷数据的离散程度和数据稳定性，以确认数据结果的可信度。

四、研究结果

（一）北京市城区居民以自行车为主要交通工具出行的意愿较低

对问卷的分析得出，市民家里有自行车的人数比例为 83.82%（图 2），而以自行车为主要交通工具出行的人员却比例较低，仅占 15.35%（图 3）。

图 2 “家里有无自行车”一题统计结果

选项	小计	比例
步行	44人	9.13%
骑自行车	74人	15.35%
骑电动车	20人	4.15%
小汽车	146人	30.29%
公交地铁	188人	39%
其他	10人	2.07%
有效人次	482人	

图 3 “日常主要交通工具”一题统计结果

（二）“骑行环境恶劣、道路危险不安全”是市民不选择骑自行车的主要原因

在调查中发现不选择骑自行车的原因，排名第一位的是距离远，排在第二位的是“道路危险不安全”占 19.51%。距离远我们无法改变，但是道路危险不安全是应该予以重视、急需解决的问题。

（三）“自行车道被占用”是市民经常遇到的有关自行车道的主要问题，这一选项综合平均得分排名第一，被选择的频率最高

调查发现道路危险的主要原因是“自行车道被其他车辆占用严重”，96.27% 的被调查人员遇到过其他车辆占据自行车道的问题。遇到自行车道被占用情况达十次以上的，占全体被试人数的 48.13%。调查显示，自行车道被占用情况最频繁的在早晨 7:00—9:00 早高峰时段。

（四）实地调查中北京市自行车路网主要存在的问题

1. 路网规划有待完善

第一，自行车道不连续，被其他车辆及公共设施占用严重。

北京市自行车道路被占用严重，在很多地方都可以看到划在自行车道里的停车位，造成自行车道不连续。当遇到自行车出行高峰期，骑行者只能骑入机动车道，影响骑行安全。

第二，公交车进站干扰

在没有公交安全岛的路段，大部分公交车进站时都会将自行车逼停，或把自行车直接逼入主路上，对骑行者影响很大，且极易引发交通事故。公交车进站干扰严重也是骑行者认为骑行环境不安全的重要原因。

第三，较宽的自行车道会加大小汽车占道的行为

因汽车宽度为 1.6 ～ 1.8 米，如自行车道的宽度大于 1.6 米，就会出现小汽车占道问题，在宣武门路口 10 分钟内竟然出现 31 次汽车占道的问题，且发生了交通事故，引起交通堵塞。

2. 交通设施不足

第一，自行车道与机动车隔离设施不足，在没有设置隔离设施的机非混行道路中，经常发生机动车占用自行车道的问题。在较宽的自行车道入口处，放置一个隔离墩，既可有效保证自行车的通行，又能避免机动车驶入占用自行车道，但是大部分自行车道都无此设施。

第二，交叉口冲突多，通行指示灯不足

在道路交叉口骑行者依照通行指示灯过马路时，依然需要避让右拐车辆，如果十字路口宽度较大（如三环、四环辅路的主要路口），在刚走完一半的时候红绿灯变换又与左拐和直行车辆冲突，非常危险。

第三，路面标志不足

在骑行过程中遇转弯情况路面标志不足，导致违章及交通事故大量发生。例如斜穿马路情况时，或在二环路转弯时，有的是逆行上桥，有的是顺行上桥，缺乏路面提示标志，使骑行的方向各种各样。

第四，行道树数量不足

因行道树数量不足造成骑行缺乏舒适度，经过温度测量，在 8 月中旬北京市自行车道地面温度高达 55℃。有无树荫遮挡，可以使地面温度相差 10℃以上。而目前北京市大部分骑行环境大都没有树荫遮挡，每年一到夏季，较高的温度导致骑行者数量锐减。

（五）对比我国台湾地区和瑞士自行车道先进经验

1. 我国台湾地区市民将骑行作为休闲锻炼手段，出行意愿高，自行车道规划井井有条。

通过学校组织的台湾地区交流活动，我看到台湾地区市民经常以骑行作为休闲锻炼的手段，出行意愿高，经常看见一家人或健身俱乐部的人们“骑行台湾”。台湾地区的自行车道路规划先进，无论是城市干路还是乡村道路，都给自行车设置专行道，而且严格禁止机动车驶入，有的是把自行车道设置的只有 1.5 米。很多地方的自行车道是与人行道建在一起，很少有自行车与机动车混行的地方，所以在路上看不到自行车与机动车冲突，也没有机动车占用自行车道的问题。整个自行车道显得井井有条（图 4）。

图 4　我国台湾地区自行车道与小汽车隔离

图 5　瑞士自行车彩道标识清晰

2. 瑞士自行车道规划更具人性化

在对瑞士的自行车道调查中发现：瑞士人对自行车出行意识很强，市中心很多地方没有汽车停车位，但是有大量的自行车停放处，彩色道路标识清晰（图 5）。瑞士每两个人就有一个人以骑车为主要出行工具。瑞士的公共设施为骑行者提供很大方便，几乎是无缝对接，就连火车上都有自行车停放设施。

五、分析与讨论

（一）提高市民骑自行车出行意愿

市民骑自行车出行意愿低，安全性和社会舆论是其中主要原因。建议政府一方面还骑行人“路权”，另一方面加大宣传力度，提高市民骑自行车出行意愿。

（二）完善自行车路网建设

北京城区大部分自行车道路网规划和修建比较完善，以下几方面有些路段仍可以改进。

1. 重新界定个别自行车路道的通行宽度，可杜绝小汽车占道问题，提高道路使用效率。

北京市非机动车宽度规范要求 2.5 米，目前可以满足的线路达到 83.9%，也就是说绝大部分自行车道是可以满足使用要求的。但是在调查中发现：较宽的自行车道反而会加大小汽车占道的行为。因汽车的宽度为 1.6 ～ 1.8 米，而自行车的车身宽度为 0.5 ～ 0.6 米，两辆车并行时通行宽度小于 1.4 米，而自行车道的宽度大于 1.6 米时，就会出现小汽车占道的问题，在宣武门路口 10 分钟内竟然出现 31 次汽车占道的问题，且发生了交通事故，引起交通堵塞。而在东城区的锡拉胡同，自行车道仅为 1.6 米宽，杜绝了小汽车占道的问题，自行车行驶也较为通畅。所以如能有针对性地调整自行车道宽度，将一些路段设置在 1.6 米以内既能保证自行车通行，又能杜绝小汽车占道的问题。

2. 如能将自行车道设置在人行道的右侧或中央，可以保障骑行者安全、增加主路宽度、缓解交通堵塞问题。

将自行车道改建到人行道上，设置“自行车专用道”的明显标识，并与机动车道进行相应的物理分隔，如与机动车道保持一定的路面高低差距等，减少自行车与机动车的冲突点，可以保障骑车者的安全（图 6）。或将自行车道与汽车道分离，改建在人行道的同一平面上，这样不仅可以将机动车与非机动车完全分离，而且将机动车拓宽了 1 个车道，提高通行能力。

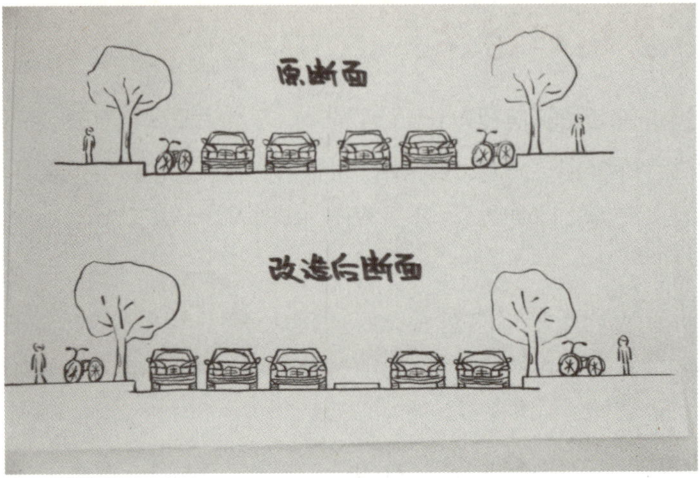

图 6　自行车道改至人行道上示意图

（三）增加交通设施

1. 加设隔离桩为十分有效的方法，可以确保自行车道有效通行，避免机动车违章进入。

在超过 1.6 米宽度的自行车道入口处加设隔离桩，可以直接避免小汽车占道，此种方法成本低，效果显著。

2. 加设公交汽车安全岛

《北京市城区行人和非机动车交通系统设计原则》里将"安全第一"列为首要原则。而目前公交车进出站时借用自行车道，严重干扰了自行车的正常通行。经常会将自行车逼停，或把自行车直接逼到主路上，对自行车骑行安全够成威胁，极易引发交通事故，严重违反了安全第一的原则，因此将"改善公交车进站时与自行车的干扰"列为重要改善目标，则设立安全岛是首要而紧急的任务。

3. 铺装彩色道路标识

采用彩色沥青、毛面彩砖等适合自行车行驶的防震建材，并用色彩、色带、图识等标志与机动车道区分，实行机非分流。明亮的色彩或增加占道者的压迫感，使小汽车不敢随便驶入，保障骑行者安全。

4. 增加信号灯

增加信号灯可以避免交叉口冲突。现在很多路口都有行人通行指示灯，如果再增加一个车辆右转弯信号灯设置就更完备了。目前的情况是，骑行人依照通行指示灯过马路时，依然需要避让右拐车辆，如果十字路口宽度较大（如三环、四环辅路的主要路口），在刚走完一半的时候红绿灯变换又与左拐和直行车辆冲突，非常危险。

六、 结论与建议

（一）结论

1. 北京城区市民骑自行车出行意愿低，呈下降趋势。政府需加大宣传力度和社会舆论，扭转市民骑车出行意识。

2. 北京城区自行车道路网规划和修建较完善，但有些路段仍可以改进，自行车道的通行宽度有必要重新界定。

3. 在不调整自行车道宽度的现有情况下，在自行车道入口处加设隔离桩为十分有效的方法。

4. 铺装彩色道路标识可保障骑行安全；增加自行车信号灯，可以避免交叉口冲突；增加公交车安全岛可以减少公交车与自行车冲突。

5. 如能将自行车道建在道路中央或与人行道并行，将有效避免汽车占道问题，可以保障自行车通行安全，并可将机动车道拓宽 1 个车道，缓解主路通行压力。

（二）建议

1. 加大绿色环保的宣传，提高市民骑自行车出行意愿。

2. 改进北京市城市自行车道路网规划，早日完善北京市自行车路网设施。

3. 在车道较宽时增加隔离桩；将自行车道设在人行道一起或内侧；铺设彩色道路标识；增加公交安全岛；增加信号灯。

4 . 进行严格交通执法，还骑行者路权。

5．提倡“绿色骑行进校园”的概念，使本研究更具社会价值。

专家点评

本项目选题非常贴近青少年的生活实际和当前对绿色出行的社会需求。项目采用研究方法得当，能够比较好地让研究者掌握到一手资料。特别是在问卷发放过程中作者使用了新媒体技术，在筛选调查路线时使用卫星遥感影像和 GPS 定位系统协助研究，得出北京城区的自行车存在被机动车占用、交通设施不足等主要问题。作者还结合瑞士、我国台湾地区等先进地区的经验，对北京市自行车路网发展提出相应的建议，是一项较好的社会科学类论文案例。

老师的话

在答辩的口头报告环节中，需要借助 PPT 的手段在规定的时间内介绍自己的课题内容，因此，作为一种可视化的语言，形象鲜明又美观的 PPT 是非常抓人眼球的。下面从内容、形式、技巧等几个角度分别进行说明。

一、内容

应有的课题内容包括以下几部分，也就是 PPT 中要重点论述的部分：课题背景（题目的选定、研究内容和拟解决的问题、材料与方法、研究结果、分析与讨论、结论、创新与展望、致谢等）。不求大而全，应层次分明，重点突出，阐述清晰流畅。

二、形式——图文并茂

大段的文字出现在 PPT 上是最令人乏味的，将文字转化为图形图像，能充分体现出选手的理解和精简提炼能力。例如，多采用一些照片，并剪裁为不同的形状进行搭配，使页面更活泼；技术路线图的使用，有化繁为简的奇效。

三、实用小技巧

1. 突出重点、去掉无用的装饰

PPT 带给人的视觉冲击要鲜明，语言要精炼。在视觉设计上，装饰性的元素不宜过多，要让人一眼就看到重点。在文字描述上，要使用通俗、精简、有说服力的文字。尤其是幻灯片背景的选择，如果过于花哨，会有喧宾夺主的感觉。

2. 基础设计 4 原则：亲密性、对齐、对比、重复

亲密性——将存在联系的元素相互靠近，组合成一项一项，令画面更加有序。随机排序，虽然很酷，但我们却无从知晓到底该从哪开始阅读。当我们需要展示某些信息的时候，需要认真将内容组织排序、对齐。相近的元素要相互靠近，不管是视觉上相近还是内容上相近。

对齐——让排列更有秩序。

对比——使用强烈的对比可以强调信息层级，令人关注到希望突出的重点。当我们希望突出某个信息的时候，一定要利用字体、颜色等加强对比。

重复——重复可以简单解释为“统一感”，但重复更加刻意强调。比如通过重复标题、文字等达到统一视觉、加深人印象的作用。

总的来说，PPT 展示要做到：主题明确，一目了然；精选文字，突出重点，简明扼要；适当美化视觉效果，加深印象。

PPT 展示

北京城区自行车路网
现状调查与改进研究

问题的提出
➢北京市民骑车出行意愿低
➢上世纪80年代的62.7%
20%

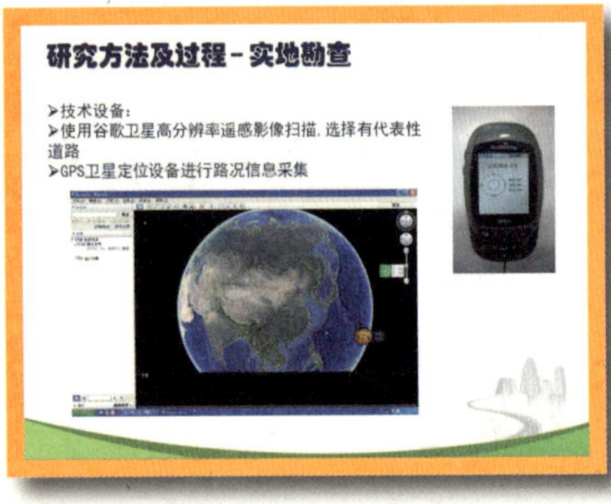
研究方法及过程－实地勘查
➢技术设备：
➢使用谷歌卫星高分辨率遥感影像扫描，选择有代表性道路
➢GPS卫星定位设备进行路况信息采集

研究方法及过程－实地勘查（北京城区道路）
◆南北向
1 洋桥－四路通－虎坊桥－和平门
2 北京音乐厅－府右街－西什库大街
3 德胜门内大街－德胜门外大街－马甸
4 台基厂路－正义路－南河沿大街－晨光街－锡拉胡同口
5 二环辅路 长椿街—复兴门—月坛 — 平安大街
◆东西向
1 东西长安街 自复兴门－建国门
2 宣武门—长椿街—和平门－前门—崇文门
3 五道口 — 学院路路口 中关村大街
4 朝阳门—京广中心－慈云寺桥
◆有代表性
1 第一条铺设彩色道路标识道路－和平东桥
2 靠近旅游景区－天坛
3 具北京人文气息－北海－
4 奥林匹克森林公园

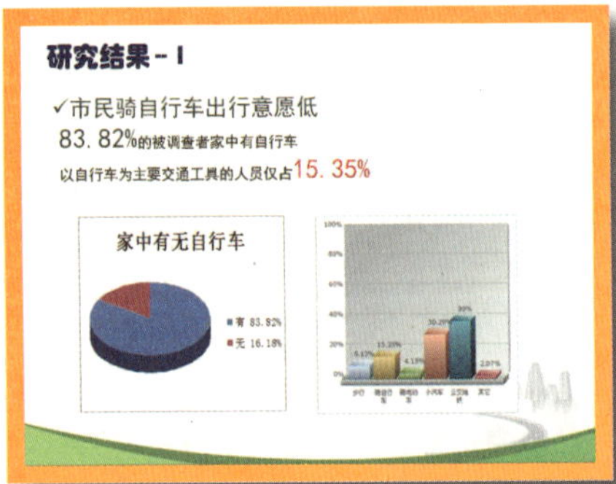
研究结果－1
✓市民骑自行车出行意愿低
83.82%的被调查者家中有自行车
以自行车为主要交通工具的人员仅占15.35%
家中有无自行车
有 83.82%
无 16.18%

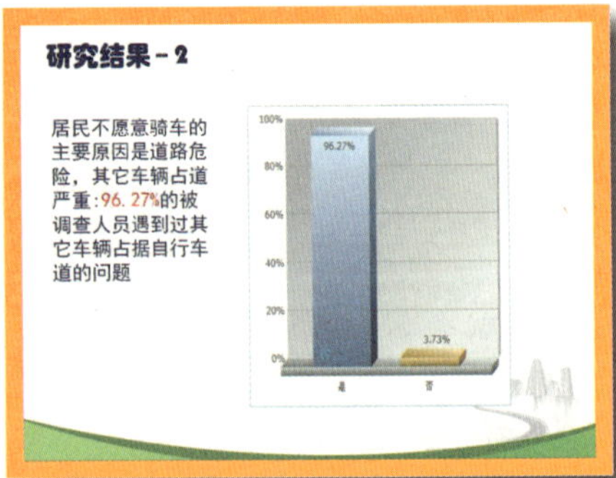
研究结果－2
居民不愿意骑车的主要原因是道路危险，其它车辆占道严重：96.27%的被调查人员遇到过其它车辆占据自行车道的问题
100%
80%
60%
40%
20%
0%
96.27%
3.73%